Elementargeister

Wenn ich bei euch bin, ihr Bäume dieser großen Wälder […],
Spüre ich etwas Großes, das mir zuhört und mich liebt.

Victor Hugo, Les Contemplations / Aux arbres (1843)

Heinrich Heine

Elementargeister

edition kulturwerkstatt

Elementargeister, Heinrich Heine
ISBN 978-3942961639
© Produced by Transmedia Publishing 2018
Transmedia Publishing is an Imprint of Verlag Klaus Happel
Erstausgabe 1835-37

Inhalt

Intro

Elementargeister, Elementarwesen oder Naturgeister finden sich in vielen deutschen Volkssagen, Märchen und Mythen ebenso wie in den Volksüberlieferungen der Kelten oder der nordgermanischen Stämme. Heine beschreibt für das Publikum seiner Zeit die Welt dieses Volksglaubens, der altdeutschen Mythologie und ihrer Götter und Geister.
Bereits in seiner Schrift über „Religion und Philosophie in Deutschland" hatte Heine sich mit dem deutschen Volksglauben beschäftigt und begonnen nach den Wurzeln des geistigen Deutschlands in Sagen und Legenden zu suchen. Heine wurde zum Mythologen und verfasste später weitere Schriften zu diesem Themenfeld wie „Die Götter im Exil", „Die Göttin Diana" und „Der Doktor Faust. Ein Tanzpoem".

In den Elementargeistern erörtert Heine zunächst Paracelsus folgend die vier Geister oder Wesenheiten der vier Elemente: der Erde, der Luft, des Wassers und des Feuers, um sich dann dem germanischen Volksglauben zu widmen, in dem vor allem die den Flüssen, Steinen und Bäumen innewohnenden Geister tiefe Bedeutung haben und mit diesen untrennbar verbunden sind.
Die Welt des germanischen Volksglaubens ist eine pantheistische Welt. Heine zitiert hierzu zahlreiche Sagen, Lieder und Märchen, die deutlich machen sollen, dass „eine geheime Vorliebe für den altgermanischen Pantheismus" in dem alten Volksglauben überlebt hat und im Mittelalter in „zerstückelter Form, in dem Zauber- und Hexenwesen" fortbesteht.

Über diese Welt hat sich die neue Religion nach dem Sieg des Christentums in ganz Europa wie ein Tuch gelegt, das die Vergangenheit zwar überdeckt hat, sie aber nicht vernichten konnte.
Die alten Götter sind besiegt, doch sie existieren weiter, die Geister verstecken sich. Das Christentum konnte sie nicht töten, da sie unsterblich sind und auf immer zur Welt gehören: es konnte sie nur dämonisieren und verteufeln und in die Verbannung schicken. Und damit erst gelangt der Teufel in die Welt der Christen. Heines Beispiele und Zitate zeigen den Wandel der pantheisti-

schen Weltsicht der vorchristlichen Deutschen in eine dämonische.

In *Ideen: das Buch le Grand* schreibt er 1827: „Auch in der Mythologie ging es gut. Ich hatte meine liebe Freude an dem Göttergesindel, das so lustig nackt die Welt regierte. Ich glaube nicht, dass jemals ein Schulknabe im alten Rom die Hauptartikel seines Katechismus, z. B. die Liebschaften der Venus, besser auswendig gelernt hat, als ich. Aufrichtig gestanden, da wir doch einmal die alten Götter auswendig lernen mussten, so hätten wir sie auch behalten sollen, und wir haben vielleicht nicht viel Vorteil bei unserer neurömischen Dreigötterei, oder gar bei unserem jüdischen Eingötzentum. Vielleicht war jene Mythologie im Grunde nicht so unmoralisch, wie man sie verschrien hat."

Als Heine seine Schrift verfasst, befindet sich Deutschland in einer Phase rapiden Umbruchs. Die industrielle Revolution ist dabei, die ländlichen Familienstrukturen aufzulösen. Das bisher lineare Bevölkerungswachstum geht allmählich in ein exponentielles über und produziert mehr Menschen als das Land ernähren kann. Die existierenden politischen Strukturen ebenso wie die Religion sind für die entstehende Massengesellschaft unzureichend und nicht auf entsprechende Anpassungen eigerichtet. Überall gibt es revolutionäre Bewegungen. 1835, als Heine seine Elementargeister veröffentlicht, wird zwischen Nürnberg und Fürth die erste deutsche Eisenbahnlinie eröffnet. Auch deswegen steht Heine zwischen Romantik und literarischem Naturalismus: Das Kommende ist noch nicht einmal in Umrissen erkennbar und wirkt umso bedrohlicher, je hilfloser sich große Teile des Volkes fühlen angesichts der Auflösung aller Gewissheiten und der zunehmenden Repression durch die staatlichen Gewalten. Überall fehlt Orientierung. Die sprachlichen Mittel von Klassik und Romantik können die brutale Wirklichkeit des sich immer stärker andeutenden Industrie- und Massenzeitalters nicht beschreiben. Sie erscheinen zunehmend künstlich, artifiziell, inadäquat.

Die Vergangenheit aber, deren teils tief verschütteten Spuren die Romantiker begonnen hatten nachzugehen, erhebt sich in dieser Situation wie ein gewaltiger Felsen über das Chaos des Umbruchs, eine gewaltige Melodei, die verlockend aus einer anderen Zeit herüberklingt.

Dieser Band enthält zwei zu Teilen deutlich verschiedene Versionen der Elementargeister. Bei der ersten handelt es sich um die 1837 erschienene überarbeitete Fassung einer französischen Ausgabe, die aus Heines originalem, von ihm selbst mehrfach bearbeitete deutschsprachigen Manuskript sehr wörtlich übersetzt und 1835 in dem Band *De l'Allemagne* erschienen war und in der zweiten Auflage den Titel *Traditions Populaires* erhielt. Diese ursprünglich auf Französisch erschienene Version findet sich in Rückübersetzung als zweite Version in diesem Band.

Davon unterscheidet sich die deutsche Fassung, die 1837 im dritten Band des *Salon* erschien. Die Unterschiede liegen vor allem darin, dass in der deutschen Version christophobe Passagen abgeschwächt wurden, um der verschärften Zensur durch die Bundestagsbeschlüsse von 1835 in Deutschland Genüge zu tun. Die französische Ausgabe war bereits im August 1835 in Deutschland verboten worden, so dass Heine den Text zwangsläufig bearbeiten musste, sollte er in Deutschland erscheinen können. Dabei berücksichtigte er gleichzeitig die unterschiedlichen Kenntnisse der deutschen Volksmythologie (Grimms Sagen waren noch nicht ins Französische übersetzt. Dies geschah erst um 1838.) in Frankreich und Deutschland.

Während die französische Ausgabe originale (übersetzte) Volksüberlieferungen direkt zitiert, gibt Heine in der deutschen Fassung hauptsächlich Zusammenfassungen oder Nacherzählungen. Der Text erhielt außerdem eine neue Einleitung und verzichtet zum Ende hin auf eine längere Passage, die sich mit der Kyffhäuser-Legende und den im Berg schlafenden Stauferkaiser Friedrich Barbarossa beschäftigt.

***

Die Anmerkungen basieren auf den Anmerkungen von Wikisource und der DHA. Die Werksübersicht wurde auf der Grundlage von Sammons (1979) erstellt und die Zeittafel auf der Basis des Heinrich-Heine-Portals (HHP, 2018).

Klaus Happel, Juli 2018

Weh dem, der jetzt ein Sachse ist!
Ihr Sachsenheilige droben
Im Himmelreich, nehmt euch in acht,
Ihr seid der Schmach nicht enthoben.
(Romanzero, Schlachtfeld von Hastings)

Elementargeister (1837)

Wie man behauptet, gibt es greise Menschen in Westfalen, die noch immer wissen, wo die alten Götterbilder verborgen liegen; auf ihrem Sterbebette sagen sie es dem jüngsten Enkel, und der trägt dann das teure Geheimnis in dem verschwiegenen Sachsenherz. In Westfalen, dem ehemaligen Sachsen, ist nicht alles tot was begraben ist. Wenn man dort durch die alten Eichenhaine wandelt, hört man noch die Stimmen der Vorzeit, da hört man noch den Nachhall jener tiefsinnigen Zaubersprüche, worin mehr Lebensfülle quillt, als in der ganzen Literatur der Mark Brandenburg. Eine geheimnisvolle Ehrfurcht durchschauerte meine Seele, als ich einst, diese Waldungen durchwandernd, bei der uralten Siegburg[1] vorbei kam. "Hier", sagte mein Wegweiser, "hier wohnte einst König Wittekind" und er seufzte tief. Es war ein schlichter Holzhauer und er trug ein großes Beil.

Ich bin überzeugt, dieser Mann, wenn es drauf ankömmt, schlägt er sich noch heute für König Wittekind; und wehe dem Schädel worauf sein Beil fällt!

Das war ein schwarzer Tag für Sachsenland als Wittekind, sein tapferer Herzog, von Kaiser Karl geschlagen wurde, bei Engter.

"Als er flüchtend gen Ellerbruch[2] zog, und nun alles, mit Weib und Kind, an den Furt kam und sich drängte, mochte eine alte Frau nicht weiter gehen. Weil sie aber dem Feinde nicht lebendig in die Hände fallen sollte, so wurde sie von den Sachsen lebendig in einen Sandhügel bei Bellmans-Kamp[3] begraben; dabei sprachen sie: krup under, krup under, de Welt is di gram, du kannst dem Gerappel nich mer folgen."

Man sagt, dass die alte Frau noch lebt. Nicht alles ist tot in Westfalen, was begraben ist.

Die Gebrüder Grimm erzählen diese Geschichte in ihren, deutschen Sagen[4]; die gewissenhaften fleißigen Nachforschungen dieser wackeren Gelehrten, werde ich in den folgenden Blättern zuweilen benutzen. Unschätzbar ist das Verdienst dieser Männer um germanische Altertumskunde. Der einzige Jacob Grimm hat für Sprachwissenschaft mehr geleistet als Eure ganze französische Akademie seit Richelieu[5]. Seine deutsche Grammatik ist ein kolossales Werk, ein gotischer Dom, worin alle germanischen Völker ihre Stimmen erheben wie Riesenchöre, jedes in seinem Dialekte. Jacob Grimm hat vielleicht dem Teufel seine Seele verschrieben, damit er ihm die Materialien lieferte und ihm als Handlanger diente, bei diesem ungeheuren Sprachbauwerk. In der Tat, um diese Quadern von Gelehrsamkeit herbei zu schleppen, um aus diesen hunderttausend Zitaten einen Mörtel zu stampfen, dazu gehört mehr als ein Menschenleben und mehr als Menschengeduld.

Eine Hauptquelle für Erforschung des altgermanischen Volksglaubens ist Paracelsus. Ich habe seiner schon mehrmals erwähnt. Seine Werke sind ins Lateinische übersetzt, nicht schlecht aber lückenhaft. In der deutschen Urschrift ist er schwer zu lesen; abstruser Stil, aber hie und da treten die großen Gedanken hervor mit großem Wort. Er ist ein Naturphilosoph in der heutigsten Bedeutung des Ausdrucks. Man muss seine Terminologie nicht immer in ihrem traditionellen Sinne verstehen. In seiner Lehre von den Elementargeistern gebraucht er die Namen Nymphen, Undinen, Silvanen, Salamander, aber nur deshalb weil diese Namen dem Publikum schon geläufig sind, nicht weil sie ganz dasjenige bezeichnen, wovon er reden will. Anstatt neue Worte willkürlich zu schaffen, hat er es vorgezogen für seine Ideen alte Ausdrücke zu suchen, die bisher etwas Ähnliches bezeichneten. Daher ist er vielfach missverstanden worden, und manche haben ihn der Spötterei, manche sogar des Unglaubens bezichtigt. Die Einen meinten er beabsichtige alte Kindermärchen aus Scherz in ein System zu bringen, die Anderen tadelten, dass er, abweichend von der christlichen Ansicht, jene Elementargeister nicht für lauter Teufel erklären wollte. Wir haben keine Gründe anzunehmen sagt er irgendwo, dass diese Wesen dem Teufel gehören; und was der Teufel selbst ist, das wissen wir auch noch nicht. Er behauptet, die Elementargeister wären, ebenso gut wie wir, wirkliche Geschöpfe Gottes, die aber nicht wie unseresgleichen aus Adams Geschlechte seien und denen Gott zum Wohnsitz die vier Elemente angewiesen habe. Ihre Leibesorganisation sei diesen Elementen gemäß. Nach den vier Elementen ordnet nun Paracelsus die verschiedenen Geister und hier gibt er uns ein bestimmtes System.

Den Volksglauben selbst in ein System bringen, wie manche beabsichtigen, ist aber ebenso untunlich, als wollte man die vorüberziehenden Wolken in Rahmen fassen. Höchstens kann man unter bestimmten Rubriken das Ähnliche zusammentragen. Dieses wollen wir auch in Betreff der Elementargeister versuchen.

Von den Kobolden haben wir bereits gesprochen. Sie sind Gespenster, ein Gemisch von verstorbenen Menschen und Teufeln; man muss sie von den eigentlichen Erdgeistern genau unterscheiden. Diese wohnen meistens in den Bergen und man nennt sie Wichtelmänner, Gnomen, Metallarii[6], kleines Volk, Zwerge. Die Sage von diesen Zwergen ist analog mit der Sage von den Riesen, und sie deutet auf die Anwesenheit zweier verschiedener Stämme, die einst mehr oder minder friedlich das Land bewohnt, aber seitdem verschollen sind. Die Riesen sind auf immer verschwunden aus Deutschland. Die Zwerge aber trifft man mitunter noch in den Bergschachten, wo sie, gekleidet wie kleine Bergleute, die kostbaren Metalle und Edelsteine ausgraben. Von jeher haben die Zwerge immer vollauf Gold, Silber und Diamanten besessen; denn sie konnten überall unsichtbar herumkriechen, und kein Loch war ihnen zu klein um durchzuschlüpfen, führte es nur endlich zu den Stollen des Reichtums. Die Riesen aber blieben immer arm und wenn man ihnen etwas geborgt hätte, würden sie Riesenschulden hinterlassen haben. Von der Kunstfertigkeit der Zwerge ist in den alten Liedern viel rühmlich die Rede. Sie schmiedeten die besten Schwerter, aber nur die Riesen wussten mit diesen Schwertern dreinzuschlagen. Waren diese Riesen wirklich von so hoher Statur? Die Furcht hat vielleicht ihrem Maße manche Elle hinzugefügt. Dergleichen hat sich oft schon ereignet. Nicetas[7], ein By-

zantiner, der die Einnahme von Konstantinopel durch die Kreuz-
fahrer berichtet, gesteht ganz ernsthaft, dass einer dieser eisernen
Ritter des Nordens, der alles vor sich her zu Paaren trieb, ihnen,
in diesem schrecklichen Augenblick, fünfzig Fuß groß zu sein
schien.

Die Wohnungen der Zwerge waren, wie schon erwähnt, die Ber-
ge. Die kleinen Öffnungen die man in den Felsen findet, nennt
das Volk noch heut zu Tag Zwerglöcher. Im Harz, namentlich im
Bodentale[8], habe ich dergleichen viele gesehen. Manche Tropf-
steinbildungen, die man in den Gebirgshöhlen trifft, so wie auch
manche bizarre Felsenspitzen nennt das Volk die Zwergenhoch-
zeit. Es sind Zwerge die ein böser Zauberer in Steine verwandelt,
als sie eben von einer Trauung aus ihrem kleinen Kirchlein nach
Hause trippelten, oder auch beim Hochzeitmahl, sich gütlich
taten. Die Sagen von solchen Versteinerungen sind im Norden
ebenso heimisch wie im Morgenlande, wo der bornierte Moslem
die Statuen und Kariatyden, die er in den Ruinen alter Griechen-
tempel findet, für lauter versteinerte Menschen hält. Wie im Har-
ze so auch in der Bretagne, sah ich allerlei wundersam gruppierte
Steine, die von den Bauern Zwergenhochzeiten genannt wurden;
die Steine bei Loch Maria Ker[9] sind die Häuser der Korriga-
nen[10], der Kurilen; wie man dort das kleine Volk benamset.

Die Zwerge tragen kleine Mützchen wodurch sie sich unsichtbar
machen können; man nennt sie Tarnkappen oder auch Nebel-
käppchen. Ein Bauer hatte einst, beim Dreschen, mit dem Dresch-
flegel die Tarnkappe eines Zwerges herabgeschlagen; dieser wurde
sichtbar und schlüpfte schnell in eine Erdspalte. Die Zwerge zeig-
ten sich auch manchmal freiwillig den Menschen, hatten gern mit
uns Umgang, und waren zufrieden genug, wenn wir ihnen nur
kein Leids zufügten. Wir aber, boshaft wie wir noch sind, wir:
spielten ihnen manchen Schabernack. In Wyß Volkssagen[11] liest
man folgende Geschichte:

"Des Sommers kam die Schaar der Zwerge häufig aus den Flü-
hen[12] herab ins Tal, und gesellte sich entweder hilfreich oder
doch zuschauend zu den arbeitenden Menschen, namentlich zu
den Mähern[13] in der Heuernte. Da setzten sie sich denn wohl
vergnügt auf den langen und dicken Ast eines Ahorns ins schatti-
ge Laub. Einmal aber kamen boshafte Leute und sägten bei Nacht

den Ast durch, so dass er bloß noch schwach am Stamme hielt, und als die arglosen Geschöpfe sich am Morgen darauf niederließen, krachte der Ast vollends entzwei, die Zwerge stürzten auf den Grund, wurden ausgelacht, erzürnten sich heftig und jammerten:

"O wie ist der Himmel so hoch
Und die Untreu so groß!
Heut hierher und nimmermehr!"

Sie sollen seit der Zeit das Land verlassen haben. Es gibt indessen noch zwei andere Traditionen, die ebenfalls den Abzug der Zwerge unserer Necksucht und Bosheit zuschreiben. Die eine wird in den erwähnten Volkssagen folgendermaßen erzählt:

"Die Zwerge welche in Höhlen und Klüften rings um die Menschen herum wohnten, waren gegen diese immer freundlich und gut gesinnt, und des Nachts, wenn die Menschen schliefen, verrichteten sie deren schwere Arbeit. Wenn dann das Landvolk frühmorgens mit Wagen und Geräte herbeizog und erstaunte, dass alles getan war, steckten die Zwerge im Gesträuch und lachten hell auf. Oftmals zürnten die Bauern, wenn sie ihr noch nicht ganz zeitiges[14] Getreide auf dem Acker niedergeschnitten fanden, aber als bald Hagel und Gewitter hereinbrach und sie wohl sahen, dass vielleicht kein Hälmchen dem Verderben entronnen sein würde, da dankten sie innig dem voraussichtigen Zwergvolk. Endlich aber verscherzten die Menschen durch ihren Frevel die Huld und Gunst der Zwerge, sie entflohen, und seitdem hat sie kein Auge wieder erblickt. Die Ursache war diese. Ein Hirt hatte oben am Berg einen trefflichen Kirschbaum stehen. Als die Früchte eines Sommers reiften, begab es sich dass dreimal hinter einander nachts der Baum geleert wurde und alles Obst auf die Bänke und Hürden getragen war, wo der Hirt sonst die Kirschen aufzubewahren pflegte. Die Leute im Dorfe sprachen: "das tut niemand anders, als die redlichen Zwerge, die kommen bei Nacht in langen Mänteln mit bedeckten Füßen heran getrippelt, leise wie Vögel, und schaffen den Menschen emsig ihr Tagwerk; schon einmal hat man sie heimlich belauscht, allein man stört sie nicht, sondern lässt sie kommen und gehen." Durch diese Rede wurde der Hirt neugierig und hätte gern gewusst, warum die Zwerge so sorgfältig ihre Füße bargen und ob diese anders gestaltet wären, als Menschenfüße. Da nun das nächste Jahr wieder der Sommer und die Zeit kam, dass die Zwerge heimlich die Kirschen abbrachen und in den Speicher trugen, nahm der Hirt einen Sack voll Asche und streute die rings um den Berg herum aus. Den anderen Morgen, mit Tagesanbruch, eilte er zur Stelle hin, der Baum war richtig leer gepflückt, und er sah unten in der Asche die Spuren von vielen Gänsefüßen eingedrückt. Da lachte der Hirt und spottete, dass der Zwerge Geheimnis verraten war. Bald aber zerbrachen und verwüsteten diese ihre Wohnungen und flohen tiefer in den Berg hinab, grollen dem Menschengeschlecht und versagen ihm ihre Hülfe. Jener Hirt, der sie verraten hatte, wurde siech und blödsinnig fortan bis an sein Lebensende."

Die andere Tradition, die in Otmars Volkssagen[15] mitgeteilt wird, ist von viel betrübsam härterem Charakter:

"Zwischen Walkenried und Neuhof in der Grafschaft Hohenstein hatten einst die Zwerge zwei Königreiche. Ein Bewohner jener Gegend merkte einmal, dass seine Feldfrüchte alle Nächte beraubt wurden, ohne dass er den Täter entdecken konnte. Endlich ging er auf den Rat einer weisen Frau bei einbrechender Nacht an seinem Erbsenfelde auf und ab, und schlug mit einem dünnen Stabe über dasselbe in die bloße Luft hinein. Es dauerte nicht lange, so standen einige Zwerge leibhaftig vor ihm. Er hatte ihnen die unsichtbar machenden Nebelkappen abgeschlagen. Zitternd fielen die Zwerge vor ihm nieder und bekannten: dass ihr Volk es sei, welches die Felder der Landesbewohner beraubte, wozu aber, die äußerste Not sie zwänge. Die Nachricht von den eingefangenen Zwergen brachte die ganze Gegend in Bewegung. Das Zwergvolk sandte endlich Abgeordnete, und bot Lösung für sich und die gefangenen Brüder, und wollte dann auf immer das Land verlassen. Doch die Art des Abzugs erregte neuen Streit. Die Landeseinwohner wollten die Zwerge nicht mit ihren gesammelten und versteckten Schätzen abziehen lassen und das Zwergvolk wollte bei seinem Abzuge nicht gesehen sein. Endlich kam man dahin überein, dass die Zwerge über eine schmale Brücke bei Neuhof ziehen, und dass jeder von ihnen in ein dorthin gestelltes Gefäß einen bestimmten Teil, seines Vermögens, als, Abzugszoll, werfen sollte, ohne dass einer der Landesbewohner zugegen wäre. Dies geschah. Doch einige Neugierige hatten sich unter die Brü-

cke versteckt, um den Zug der Zwerge wenigstens zu hören. Und
so hörten sie denn viele Stunden lang das Gerappel der kleinen
Menschen; es war ihnen als ob eine sehr große Herde Schafe über
die Brücke ging."

Nach einer Variante sollte jeder abziehende Zwerg nur ein ein-
ziges Geldstück in das Fass werfen, welches man vor der Brücke
hingestellt; und den anderen Morgen fand man das Fass ganz
gefüllt mit alten Goldmünzen. Auch soll vorher der Zwergenkönig
selber, in seinem roten Mäntelchen, zu den Landeseinwohnern
gekommen sein, um sie zu bitten ihn und sein Volk nicht fortzu-
jagen. Flehentlich erhob er seine Ärmchen gen Himmel und wein-
te die rührendsten Tränen, wie einst Don Isaak Abarbanel vor
Ferdinand von Arragonien[16].

Von den Zwergen, den Erdgeistern, sind genau zu unterschei-
den die Elfen, die Luftgeister, die auch in Frankreich mehr be-
kannt sind und die besonders in englischen Gedichten so anmutig
gefeiert werden. Wenn die Elfen nicht ihrer Natur nach unsterb-
lich wären, so würden sie es schon allein durch Shakespeare ge-
worden sein. Sie leben ewig im Sommernachtstraum der Poesie.

Der Glaube an Elfen ist nach meinem Bedenken viel mehr kelti-
schen als skandinavischen Ursprungs. Daher mehr Elfensagen im
westlichen Norden als im östlichen. In Deutschland weiß man
wenig von Elfen und alles ist da nur matter Nachklang von breto-
nischen Sagen, wie z. B. Wielands Oberon[17]. Was das Volk in
Deutschland Elfen oder Elben nennt, sind die unheimlichen Ge-
burten der Hexen, die mit dem Bösen gebuhlt.

Die eigentlichen Elfensagen sind heimisch in Irland und Nord-
frankreich; indem sie von hier hinabklingen bis zur Provence
vermischen sie sich mit dem Feenglauben des Morgenlands. Aus
solcher Vermischung erblühen nun die vortrefflichen Lais[18] vom
Grafen Lanval[19], dem die schöne Fee ihre Gunst schenkt unter
dem Beding, dass er sein Glück verschweige. Als aber König
Arthus, bei einem Festgelage zu Karduel, seine Königin Genevra
für die schönste Frau der Welt erklärte, da konnte Graf Lanval
nicht länger schweigen; er sprach, und sein Glück war, wenigstens
auf Erden, zu Ende. Nicht viel besser ergeht es dem Ritter Grüe-
land[20]; auch er kann sein Liebesglück nicht verschweigen, die
geliebte Fee verschwindet, und auf seinem Ross Gedefer reitet er

16

lange vergebens, um sie zu suchen. Aber in dem Feenland Avalun finden die unglücklichen Ritter ihre Geliebten wieder. Hier können Graf Lanval und Herr Grüeland so viel schwatzen, als nur ihr Herz gelüstet. Hier kann auch Ogier der Däne[21] von seinen Heldenfahrten ausruhen in den Armen seiner Morgane[22]. Ihr Franzosen kennt sie alle, diese Geschichten. Ihr kennt Avalun, aber der Perser kennt es auch, und er nennt es Dschinnistan[23]. Es ist das Land der Poesie.

Das Äußere der Elfen und ihr Weben und Treiben ist Euch ebenfalls ziemlich bekannt. Spensers Elfenkönigin[24] ist längst zu Euch herübergeflogen aus England. Wer kennt nicht Titania? Wessen Hirn ist so dick, dass es nicht manchmal das heitre Geklinge ihres Luftzugs vernimmt? Ist es aber wahr, dass es ein Vorzeichen des Todes, wenn man diese Elfenköniginn mit leiblichen Augen erblickt und gar einen freundlichen Gruß von ihr empfängt? Ich möchte dieses gern genau wissen, denn:

In dem Wald, im Mondenscheine,
Sah ich jüngst die Elfen reuten;
Ihre Hörner hört' ich klingen,
Ihre Glöckchen hört' ich läuten.

Ihre weißen Rösslein trugen Güldnes
Hirschgeweih und flogen
Rasch dahin, wie Schwanenzüge
Kam es durch die Luft gezogen.

Lächelnd nickte mir die Königin,
Lächelnd im Vorüberreuten.
Galt das meiner neuen Liebe,
Oder soll es Tod bedeuten?

In den dänischen Volksliedern[25] gibt es zwei Elfensagen, die den Charakter dieser Luftgeister am treuesten zur Anschauung bringen. Das eine Lied erzählt von dem Traumgesichte eines jungen Fants, der sich auf Elvershöh niedergelegt hatte und allmählich eingeschlummert war. Er träumt, er stände auf seinem

Schwerte gestützt, während die Elfen im Kreise um ihn her tanzen und durch Liebkosen und Versprechung ihn verlocken wollen, an ihrem Reigen Teil zunehmen. Eine von den Elfen kommt an ihn heran und, streichelt ihm die Wange und flüstert: tanze mit uns, schöner Knabe, und das Süßeste was nur immer dein Herz gelüstet wollen wir dir singen. Und da beginnt auch ein Gesang von so bezwingender Liebeslust, dass der reißende Strom, dessen Wasser sonst wildbrausend dahin fließt, plötzlich still steht und in der ruhigen Flut die Fischlein hervortauchen und vergnügt mit ihren Schwänzlein spielen. Eine andere Elfe flüstert: tanze mit uns, schöner Knabe, und wir wollen dir Runensprüche lehren, womit du den Bär und den wilden Eber besiegen kannst, so wie auch den Drachen, der das Gold hütet; sein Gold soll dir anheimfallen. Der junge Fant widersteht jedoch allen diesen Lockungen, und die erzürnten Jungfrauen drohen endlich ihm den kalten Tod ins Herz zu bohren. Schon zücken sie ihre scharfen Messer, da, zum Glücke, kräht der Hahn, und der Träumer erwacht mit heiler Haut.

Das andere Gedicht[26] ist minder lustig gehalten, die Erscheinung der Elfen findet nicht im Traume, sondern in der Wirklichkeit statt, und ihr schauerlich anmutiges Wesen tritt uns desto schärfer entgegen. Es ist das Lied von dem Herrn Oluf, der abends spät ausreutet, um seine Hochzeitgäste zu entbieten. Der Refrain ist immer: Aber das Tanzen geht so schnell durch den Wald. Man glaubt unheimlich lüsterne Melodien zu hören und zwischendrein ein Kichern und Wispern, wie von mutwilligen Mädchen. Herr Oluf sieht endlich wie vier, fünf, ja noch mehre Jungfrauen hervortanzen und Erlkönigstochter die Hand nach ihm ausstreckt. Sie bittet ihn zärtlichst in den Kreis einzutreten und mit ihr zu tanzen. Der Ritter aber will nicht tanzen und sagt zu seiner Entschuldigung: morgen ist mein Hochzeitstag. Da werden ihm nun gar verführerische Geschenke angeboten; jedoch, weder die Widderhautstiefel, die So gut am Beine sitzen würden, noch die güldenen Sporen, die man so hübsch daran schnallen kann, noch das weißseidne Hemd, das die Elfenköniginn selber mit Mondschein gebleicht hat, nicht mahl die silberne Schärpe, die man ihm ebenfalls so kostbar anrühmt, nichts kann ihn bestimmen, in den Elfenreigen einzutreten und mit zu tanzen. Seine beständige Entschuldigung ist: morgen ist mein Hochzeitstag. Da, freilich, verlieren die Elfen endlich die Geduld, sie geben ihm einen Schlag aufs Herz, wie er ihn noch nie empfunden, und heben den zu Boden gesunkenen Ritter wieder auf sein Ross, und sagen spöttisch: so reite denn heim zu deiner Braut. Ach! als er auf seine Burg zurückkehrte, da waren seine Wangen sehr blass und sein Leib sehr krank, und als am Morgen früh die Braut ankam mit der Hochzeitschaar, mit Sang und Klang, da war Herr Oluf ein stiller Mann; denn er lag tot unter dem roten Bahrtuch.

"Aber das Tanzen geht hin so schnell durch den Wald." Der Tanz ist charakteristisch bei den Luftgeistern; sie sind zu ätherischer Natur, als dass sie prosaisch gewöhnlichen Ganges, wie wir, über diese Erde wandeln sollten. Indessen, so zart sie auch sind,' so lassen doch ihre Füßchen einige Spuren zurück auf den Rasenplätzen, wo sie ihre nächtlichen Reigen gehalten. Es sind eingedrückte Kreise, denen das Volk den Namen Elfenringe gegeben.

In einem Teile Österreichs gibt es eine Sage, die mit den vorhergehenden eine gewisse Ähnlichkeit bietet, obgleich sie ursprünglich slavisch ist. Es ist die Sage von den gespenstischen Tänzerinnen, die dort unter dem Namen "die Willis"[27] bekannt sind. Die Willis sind Bräute, die vor der Hochzeit gestorben sind. Die armen jungen Geschöpfe können nicht im Grabe ruhig liegen, in ihren toten Herzen, in ihren toten Füßen blieb noch jene Tanzlust, die sie im Leben nicht befriedigen konnten, und um Mitternacht steigen sie hervor, versammeln sich truppenweis an den Heerstraßen, und Wehe! dem jungen Menschen, der ihnen da begegnet. Er muss mit ihnen tanzen, sie umschlingen ihn mit ungezügelter Tobsucht, und er tanzt mit ihnen, ohne Ruh und Rast, bis er tot niederfällt. Geschmückt mit ihren Hochzeitkleidern, Blumenkronen und flatternde Bänder auf den Häuptern, funkelnde Ringe an den Fingern, tanzen die Willis im Mondglanz, ebenso wie die Elfen. Ihr Antlitz, obgleich schneeweiß, ist jugendlich schön, sie lachen so schauerlich heiter, so frevelhaft liebenswürdig, sie nicken so geheimnisvoll lüstern, so verheißend, diese toten Bacchantinnen sind unwiderstehlich.

Das Volk, wenn es blühende Bräute sterben sah, konnte sich nie überreden, dass Jugend und Schönheit so jählings gänzlich der schwatzen Vernichtung anheimfallen, und leicht entstand der

Glaube, dass die Braut noch nach dem Tode die entbehrten Freuden sucht.

Dieses erinnert uns an eins der schönsten Gedichte Goethes, die Braut von Korinth[28], womit das französische Publikum, durch Frau von Stael[29], schon längst Bekanntschaft gemacht hat. Das Thema dieses Gedichtes ist uralt und verliert sich hoch hinauf in die Schauernisse der thessalischen Märchen. Aelian erzählt davon[30] und Ähnliches berichtet Philostrates im Leben des Apollonius von Thiane[31]. Es ist die fatale Hochzeitgeschichte wo die Braut eine Lamia ist.

Es ist den Volkssagen eigentümlich, dass ihre furchtbarsten Katastrophen gewöhnlich bei Hochzeitfesten ausbrechen. Das plötzlich eintretende Schrecknis kontrastiert dann desto grausig schroffer mit der heiteren Umgebung, mit der Vorbereitung zur Freude, mit der lustigen Musik. Solange der Rand des Bechers noch nicht die Lippen berührt, kann der kostbare Trank noch immer verschüttet werden. Ein düsterer Hochzeitgast kann eintreten, den niemand gebeten hat und den doch keiner den Mut hat fortzuweisen. Er sagt der Braut ein Wort ins Ohr und sie erbleicht. Er gibt dem Bräutigam einen leisen Wink, und dieser folgt ihm aus dem Saale, wandelt mit ihm weit hinaus in die wehende Nacht, und kehrt nimmermehr heim. Gewöhnlich ist es ein früheres Liebesversprechen, weshalb plötzlich eine kalte Geisterhand die Braut und den Bräutigam trennt. Als Herr Peter von Staufenberg beim Hochzeitmahle saß, und zufällig; aufwärts schaute, erblickte er einen kleinen weißen Fuß, der durch die Saalesdecke hervortrat. Er erkannte den Fuß jener Nixe womit er früher im zärtlichsten Liebesbündnisse gestanden, und an diesem Wahrzeichen merkte er wohl, dass er durch seine Treulosigkeit das Leben verwirkt. Er schickt zum Beichtiger, lässt sich das Abendmahl reichen und bereitet sich zum Tode. Von dieser Geschichte wird in deutschen Landen noch viel gesagt und gesungen. Es heißt auch, die beleidigte Nixe habe den ungetreuen Ritter unsichtbar umarmt und in dieser Umarmung gewürgt[32]. Tief gerührt werden die Frauen bei dieser tragischen Erzählung. Aber unsere jungen Freigeister lächeln darüber spöttisch und wollen nimmermehr glauben, dass die Nixen so gefährlich sind. Sie werden späterhin ihre Ungläubigkeit bitter bereuen.

Die Nixen haben die größte Ähnlichkeit mit den Elfen. Sie sind beide verlockend, anreizend und lieben den Tanz. Die Elfen tanzen auf Moorgründen, grünen Wiesen, freien Waldplätzen und am liebsten unter alten Eichen. Die Nixen tanzen bei Teichen und Flüssen; man sah sie auch wohl auf dem Wasser tanzen, den Vorabend wenn jemand dort ertrank. Auch kommen sie oft zu den Tanzplätzen der Menschen und tanzen mit ihnen ganz wie unser eins. Die weiblichen Nixen erkennt man an dem Saum ihrer weißen Kleider, der immer feucht ist. Auch wohl an dem feinen Gespinste ihrer Schleier und an der vornehmen Zierlichkeit ihres geheimnisvollen Wesens. Den männlichen Nix erkennt man daran, dass er grüne Zähne hat, die fast wie Fischgräten gebildet sind. Auch empfindet man einen inneren Schauer, wenn man seine außerordentlich weiche, eiskalte Hand berührt. Gewöhnlich trägt er einen grünen Hut. Wehe dem Mädchen, das, ohne ihn zu kennen, gar zu sorglos mit ihm tanzt. Er zieht sie hinab in sein feuchtes Reich. Marsk Stig, der Königsmörder[33], hatte zwei schöne Töchter, wovon die jüngste in des Wassermanns Gewalt geriet, sogar während sie in der Kirche war. Der Nix erschien als ein stattlicher Ritter; seine Mutter hatte ihm ein Ross von klarem Wasser und Sattel und Zaum von dem weißesten Sande gemacht, und die arglose Schöne reichte ihm freudig ihre Hand. Wird sie ihm da unten im Meere die versprochene Treue halten? Ich weiß nicht; aber ich kenne eine Sage von einem anderen Wassermann[34], der sich ebenfalls eine Frau vom festen Lande geholt hat und aufs listigste von ihr betrogen ward. Es ist die Sage von Roßmer, dem Wassermann, der, ohne es zu wissen, seine eigne Frau in einer Kiste auf den Rücken nahm und sie ihrer Mutter zurückbrachte. Er vergoss darüber nachher die bitterlichsten Tränen.

Die Nixen haben ebenfalls oft dafür zu büßen, dass sie an dem Umgang der Menschen Gefallen fanden. Auch hierüber weiß ich eine Geschichte, die von deutschen Dichtern vielfach besungen worden. Aber am rührendsten klingt sie in folgenden schlichten Worten, wie sie die Gebrüder Grimm, in ihren Sagen, mitteilen:

"Zu Epfenbach bei Sinzheim traten seit der Leute Gedenken jeden Abend drei wunderschöne, weißgekleidete Jungfrauen in die Spinnstube des Dorfs. Sie brachten immer neue Lieder und Weisen mit, wussten hübsche Märchen und Spiele, auch ihre Rocken und Spindeln hatten etwas eigenes und keine Spinnerinn konnte

so fein und behend den Faden drehen. Aber mit dem Schlag elf
standen sie auf, packten ihre Rocken zusammen und ließen sich
durch keine Bitte einen Augenblick länger halten. Man wusste
nicht woher sie kamen, noch wohin sie gingen; man nannte sie
nur: die Jungfern aus dem See, oder die Schwestern aus dem See.
Die Burschen sahen sie gern und verliebten sich in sie, zu aller-
meist des Schulmeisters Sohn. Der konnte nicht satt werden sie
zu hören und mit ihnen zu sprechen, und nichts tat ihm leider, als
dass sie jeden Abend schon so früh aufbrachen. Da verfiel er ein-
mal auf den Gedanken und stellte die Dorfuhr eine Stunde zu-
rück, und abends im steten Gespräch und Scherz merkte kein
Mensch den Verzug der Stunde. Und als die Glocke elf schlug, es
aber schon eigentlich zwölf war, standen die drei Jungfrauen auf,
legten ihre Rocken zusammen und gingen fort. Den folgenden
Morgen kamen etliche Leute am See vorbei; da hörten sie wim-
mern und sahen drei blutige Stellen oben auf der Fläche. Seit der
Zeit kamen die Schwestern nimmermehr zur Stube. Des Schul-
meisters Sohn zehrte ab und starb kurz danach[35]."

Es liegt etwas so geheimnisvolles in dem Treiben der Nixen. Der
Mensch kann sich unter dieser Wasserdecke so viel Süßes und
zugleich so viel Entsetzliches denken. Die Fische, die allein etwas
davon wissen können, sind stumm. Oder schweigen sie etwa aus
Klugheit? Fürchten sie grausame Ahndung, wenn sie die Heim-
lichkeiten des stillen Wasserreichs verrieten? So ein Wasserreich
mit seinen wollüstigen Heimlichkeiten und verborgenen Schreck-
nissen mahnt an Venedig. Oder war Venedig selbst ein solches
Reich, das zufällig, aus der Tiefe des adriatischen Meers, zur
Oberwelt heraufgetaucht mit seinen Marmorpalästen, mit seinen
delphinäugigen Kurtisanen, mit seinen Glasperlen- und Korallen-
fabriken, mit seinen Staatsinquisitoren, mit seinen geheimen Er-
säufungsanstalten[36], mit seinem bunten Maskengelächter? Wenn
einst Venedig wieder in die Lagunen hinabgesunken sein mag,
dann wird seine Geschichte wie ein Nixenmärchen klingen, und
die Amme wird den Kindern von dem großen Wasservolk erzäh-
len, das, durch Beharrlichkeit und List, sogar über das feste Land
geherrscht, aber endlich von einem zweiköpfigen Adler totgebis-
sen worden[37].

Das Geheimnisvolle ist der Charakter der Nixen, wie das träu-
merisch Luftige der Charakter der Elfen. Beide sind vielleicht in

der ursprünglichen Sage selbst nicht sehr unterschieden, und erst spätere Zeiten haben hier eine Sonderung vorgenommen. Die Namen selbst geben keine sichere Auskunft. In Skandinavien heißen alle Geister Elfen, Alf, und man unterscheidet sie in weiße und schwarze Alfen; letztere sind eigentliche Kobolde. Den Namen Nix gibt man in Dänemark ebenfalls den Hauskobolden, die man dort, wie ich schon früher gemeldet, Nissen nennt.

Dann gibt es auch Abnormitäten, Nixen, welche nur bis zur Hüfte menschliche Bildung tragen, unten aber in einem Fischschweif endigen, oder mit der Oberhälfte ihres Leibes als eine wunderschöne Frau und mit der Unterhälfte als eine schuppige Schlange erscheinen, wie Eure Melusine, die Geliebte des Grafen Raimund von Poitiers.

Glücklicher Raimund, dessen Geliebte nur zur Hälfte eine Schlange war!

Auch kommt es oft vor, dass die Nixen, wenn sie sich mit Menschen in ein Liebesbündnis einlassen, nicht bloß Verschwiegenheit verlangen, sondern auch bitten, man möge sie nie befragen nach ihrer Herkunft, nach Heimat und Sippschaft. Auch sagen sie nicht ihren rechten Namen, sondern sie geben sich unter den Menschen so zu sagen einen *nom de guerre*[38]. Der Gatte der klevschen Prinzessinn nannte sich Helias[39]. War er ein Nix oder ein Elfe? Wie oft wenn ich den Rhein hinabfuhr, und dem Schwanenturm von Kleve vorüberkam, dachte ich an den geheimnisvollen Ritter, der so wehmütig streng sein Inkognito bewahrte, und den die bloße Frage nach seiner Herkunft aus den Armen der Liebe vertreiben konnte. Als die Prinzessinn ihre Neugier nicht bemeistern konnte, und einst in der Nacht zu ihrem Gemahle die Worte sprach: Herr, solltet Ihr nicht unserer Kinder wegen sagen, wer Ihr seid? da stieg er seufzend aus dem Bette, setzte sich wieder auf sein Schwanenschiff, fuhr den Rhein hinab, und kam nimmermehr zurück. Aber es ist auch wirklich verdrießlich, wenn die Weiber zu viel fragen. Braucht Eure Lippen zum Küssen, nicht zum Fragen, Ihr Schönen. Schweigen ist die wesentlichste Bedingung des Glückes. Wenn der Mann die Gunstbezeugungen seines Glückes ausplaudert, oder wenn das Weib nach den Geheimnissen ihres Glückes neugierig forscht, dann gehen sie beide ihres Glückes verlustig.

Elfen und Nixen können zaubern, können sich in jede beliebige, Gestalt verwandeln; indessen manchmal sind auch sie selber von mächtigeren Geistern und Nekromanten[40] in allerlei hässliche Missgebilde verwünscht worden. Sie werden aber erlöst durch Liebe, wie im Märchen Zemire und Azor[41]; das krötige Ungeheuer muss dreimal geküsst werden und es verwandelt sich in einen schönen Prinzen. Sobald du deinen Widerwillen gegen das Hässliche überwindest und das Hässliche sogar lieb gewinnst, so verwandelt es sich in etwas Schönes. Keine Verwünschung widersteht der Liebe. Lebe ist ja selber der stärkste Zauber, jede andre Verzauberung muss ihr weichen. Nur gegen eine Gewalt ist sie ohnmächtig. Welche ist das? Es ist nicht das Feuer, nicht das Wasser, nicht die Luft, nicht die Erde mit allen ihren Metallen; es ist die Zeit.

Die seltsamsten Sagen in Betreff der Elementargeister findet man bei dem alten guten Johannes Prätorius[42], dessen "*Anthropodemus plutonicus*, oder neue Weltbeschreibung von allerlei wunderbaren Menschen" im Jahr 1666 zu Magdeburg erschienen ist. Schon die Jahrzahl ist merkwürdig; es ist das Jahr dem der jüngste Tag prophezeit worden. Der Inhalt des Buches ist ein Wust von Unsinn, aufgegabeltem Aberglauben, maulhängkolischen und affenteuerlichen[43] Historien und gelehrten Zitaten, Kraut und Rüben. Die zu behandelnden Gegenstände sind geordnet nach den Anfangsbuchstaben ihres Namens, die ebenfalls höchst willkürlich gewählt sind. Auch die Einteilungen sind ergötzlich, z. B. wenn der Verfasser von Gespenstern handeln will, so handelt er 1. von wirklichen Gespenstern, 2. von erdichteten Gespenstern, d. h. von Betrügern, die sich als Gespenster vermummen. Aber er ist voll Belehrung, und in diesem Buche, so wie auch in seinen anderen Werken, haben sich Traditionen erhalten, die teils sehr wichtig für das Studium der germanischen Religionsaltertümer, teils auch als bloße Kuriositäten sehr interessant sind. Ich bin überzeugt, Ihr alle wisst nicht, dass es Meerbischöfe gibt? Ich zweifle sogar, ob die Gazette de France[44] es weiß. Und doch wäre es wichtig für manche Leute zu wissen, dass das Christentum sogar im Ozean seine Anhänger hat und gewiss in großer Anzahl. Vielleicht die Majorität der Meergeschöpfe sind Christen, wenigstens ebenso gute Christen wie die Majorität der Franzosen.

Ich möchte dieses gern verschweigen, um der katholischen Partei in Frankreich durch diese Mitteilung keine Freude zu machen, aber da ich hier von Nixen, von Wassermenschen, zu sprechen habe, verlangt es die deutsch-gewissenhafte Gründlichkeit, dass ich der Seebischöfe erwähne. Prätorius erzählt nämlich folgendes:

"In den holländischen Chroniken liest man, Cornelius von Amsterdam habe an einen Medikus Namens Gelbert nach Rom geschrieben: dass im Jahr 1531 in dem nordischen Meer, nahe bei Elpach, ein Meermann sei gefangen worden, der wie ein Bischof von der römischen Kirche ausgesehen habe. Den habe man dem König von Polen zugeschickt. Weil er aber ganz im Geringsten nichts essen wollte von allem was man ihm dargereicht, sei er am dritten Tage gestorben, habe nichts geredet, sondern nur große Seufzer geholet."

Eine Seite weiter hat Prätorius ein anderes Beispiel mitgeteilt:

"Im Jahr 1433 hat man in dem baltischen Meere gegen Polen, einen Meermann gefunden, welcher einem Bischof ganz ähnlich gewesen. Er hatte einen Bischofshut auf dem Haupte, seinen Bischofstab in der Hand, und ein Messgewand an. Er ließ sich berühren, sonderlich von den Bischöfen des Ortes, und erwies ihnen Ehre, jedoch ohne Rede. Der König wollte ihn in einem Turm verwahren lassen, da widersetzte er sich mit Gebärden, und bat die Bischöfe, dass man ihn wieder in sein Element lassen wolle, welches auch geschehen, und wurde er von zweien Bischöfen dahin begleitet und erwies sich freudig. Sobald er in das Wasser kam machte er ein Kreuz, und tauchte sich hinunter, wurde auch künftig nicht mehr gesehen. Dieses ist zu lesen in *Flandr. Chronic.* in *Hist. Ecclesiast. Spondani*, wie auch in den *Memorabilibus Wolfii.*"

Ich habe beide Geschichten wörtlich mitgeteilt und meine Quelle genau angegeben, damit man nicht etwa glaube, ich hätte die Meerbischöfe erfunden. Ich werde mich wohl hüten noch mehr Bischöfe zu erfinden[45]. (An den vorhandenen habe ich schon genug.)

Einigen Engländern, mit denen ich mich gestern über die Reform der anglikanisch episkopalen Kirche unterhielt, habe ich den Rat gegeben, aus ihren Landbischöfen lauter Meerbischöfe zu machen.

Zur Ergänzung der Sagen von Nixen und Elfen habe ich noch der Schwanenjungfrauen zu erwähnen. Die Sage ist hier sehr unbestimmt und mit einem allzu geheimnisvollen Dunkel umwoben. Sind sie Wassergeister? Sind sie Luftgeister? Sind sie Zauberinnen? Manchmal kommen sie aus den Lüften als Schwäne herabgeflogen, legen ihre weiße Federhülle von sich, wie ein Gewand, sind dann schöne Jungfrauen, und baden sich in stillen Gewässern. Überrascht sie dort irgendein neugieriger Bursche, dann springen sie rasch aus dem Wasser, hüllen sich geschwind in ihre Federhaut, und schwingen sich dann als Schwäne wieder empor in die Lüfte. Der vortreffliche Musäus erzählt in seinen Volksmärchen[46] die schöne Geschichte von einem jungen Ritter, dem es gelang eins von jenen Federgewänden zu stehlen; als die Jungfrauen aus dem Bade stiegen, sich schnell in ihre Federkleider hüllten und davon flogen, blieb eine zurück, die vergebens ihr Federkleid suchte. Sie kann nicht fortfliegen, weint beträchtlich, ist wunderschön, und der schlaue Ritter heiratet sie. Sieben Jahre leben sie glücklich; aber einst, in der Abwesenheit des Gemahls, kramt die Frau in verborgenen Schränken und Truhen, und findet dort ihr altes Federgewand; geschwind schlüpft sie hinein und fliegt davon.

In den altdänischen Liedern ist von einem solchen Federgewand sehr oft die Rede, aber dunkel und in höchst befremdlicher Art. Hier finden wir Spuren von dem ältesten Zauberwesen. Hier sind Töne von nordischem Heidentum, die, wie halbvergessene Träume in unserem Gedächtnisse einen wunderbaren Anklang finden. Ich kann nicht umhin, ein altes Lied mitzuteilen[47], worin nicht bloß von der Federhaut gesprochen wird, sondern auch von den Nachtraben, die ein Seitenstück zu den Schwanenjungfrauen bilden. Dieses Lied ist so schauerlich, so grauenhaft, so düster, wie eine skandinavische Nacht, und doch glüht darin eine liebe, die an wilder Süße und, brennender Innigkeit nicht ihres Gleichen hat, eine Liebe, die immer gewaltiger entlodernd, endlich wie ein Nordlicht emporschießt und mit ihren leidenschaftlichen Strahlen den ganzen Himmel überflammt. Indem ich hier dieses ungeheure Liebesgedicht mitteile, muss ich vorausbemerken, dass ich mir dabei nur metrische Veränderungen erlaubte, dass ich nur am Äußerlichen, an dem Gewande, hie und da ein bisschen geschnei-

dert. Der Refrain nach jeder Strophe ist immer: "So fliegt er über
das Meer!"

Sie schifften wohl über das salzige Meer,
Der König und die Königin beide;
Dass die Königin nicht geblieben daheim,
Das ward zu großem Leide.

Das Schiff das stand auf einmal still,
Sie konnten's nicht weiter lenken;
Ein wilder Nachtrabe geflogen kam,
Er wollt's in den Grund versenken.

"Ist jemand unter den: Wellen versteckt,
Und hält das Schiff befestigt?
Ich gebe ihm beides Silber und Gold,
Er lasse uns unbelästigt.

So du es bist, Nachtrabe wild,
So senk' uns nicht zu Grunde,
Ich gebe dir beides Silber und Gold,
Wohl fünfzehn gewogene Pfunde."

"Dein Gold und Silber verlang ich nicht,
Ich verlange bessere Gaben,
Was du trägst unter dem Leibgurt dein,
Das will ich von dir haben."

"Was ich trage unter dem Leibgurt mein,
Das will ich dir gerne geben,
Das sind ja meine Schlüssel klein,
Nimm hin, und lass' mir mein Leben."

Sie zog heraus die Schlüssel klein,
Sie warf sie ihm über Bordte.
Der wilde Rabe von dannen flog,
Er hielt sie freudig beim Worte.

Und als die Kön'gin nach Hause kam,
Sie ging am Strande spazieren,
Da merkt' sie wie German, der fröhliche Held,
Sich unter dem Leibgurt tät rühren.

Und als fünf Monde verflossen dahin,
Die Königin eilt in die Kammer,
Eines schönen Sohnes sie genas,
Das ward zu großem Jammer.

Er ward geboren in der Nacht,
Und getauft sogleich den Morgen,
Sie nannten ihn German den fröhlichen Held,
Sie glaubten ihn schon geborgen.

Der Knabe wuchs, er wusste sich gut
Im Reiten und Fechten zu üben,
So oft seine liebe Mutter ihn sah
Tät sich ihr Herz betrüben.

"O Mutter, liebe Mutter mein,
Wenn ich Euch vorübergehe,
Warum so traurig werdet Ihr,
Dass ich Euch weinen sehe?"

"So wisse, German du fröhlicher Held,
Dein Leben ist bald geendet,
Denn als ich dich unter dem Leibgurt trug,
Hab' ich dich dem Raben verpfändet."

"O Mutter, liebe Mutter mein,
O lasst Euer Leid nur fahren,
Was mir mein Schicksal bescheren will,
Davor kann mich niemand bewahren."

Das war eines Donnerstags, im Herbst,
Als kaum der Morgen graute,

Die Frauenstube offen stand,
Da kamen krächzende Laute.

Der hässliche Rabe kam herein,
Setzt sich zu der Königin dorten:
"Frau Königin, gebt mir Euer Kind,
Ihr habt's mir versprochen mit Worten.

Sie aber hat beim höchsten Gott,
Bei allen Heilgen geschworen,
Sie wüsste weder von Tochter noch Sohn,
Die sie auf Erden geboren.

Der hässliche Rabe flog zornig davon,
Und zornig schrie er im Fluge:
"Wo find ich German den fröhlichen Held,
Er gehört mir mit gutem Fuge."

Und German war alt schon fünfzehn Jahr"
Und ein Mädchen zu freien gedacht er
Er schickte Boten nach Engelland,
Er warb um des Königs Tochter.

Des Königs Tochter ward ihm verlobt,
Und nach England zu reisen beschloss er.
Wie komm' ich schnell zu meiner Braut,
Rings um die Insel ist Wasser?

Und das war German der fröhliche Held
In Scharlach sich kleiden tat er,
in seinem scharlachroten Kleid
Vor seine Mutter trat er.

"O Mutter, liebe Mutter mein,
Erfüllet mein Begehre,
Und leiht mir Euer Federgewand,
Dass ich fliegen kann über dem Meere."

"Mein Federgewand in dem Winkel dort hängt,
Die Federn die fallen zur Erde;
Ich denke dass ich zur Frühjahrzeit
Das Gefieder ausbesseren werde.;

Auch sind die Fittiche viel zu breit,
Die Wolken drücken sie nieder
Und ziehst du fort in ein fremdes Land,
Ich schaue dich niemals wieder."

Er setzte sich in das Federgewand,
Flog fort wohl über das Wasser;
Da traf er den wilden Nachtraben an,
Auf der Klippe im Meere saß er.

Wohl über das Wasser flog er fort,
Inmitten des Sundes kam er.
Da hört' er einen erschrecklichen Laut,
Eine hässliche Stimme vernahm er:

"Willkommen, German, du fröhlicher Held
So lange erwarte ich deiner.
Als deine Mutter dich mir versprach,
Da warst du viel zarter und kleiner."

"O lass' mich fliegen zu meiner Braut,
Ich treffe (bei meinem Worte!)
Sobald ich sie gesprochen hab'
Dich hier auf demselben Orte."

"So will ich dich zeichnen, dass immerdar
Ich dich wiedererkenne im Leben,
Und dieses Zeichen erinnere dich
An das Wort, das du mir gegeben."

Er hackte ihm aus sein rechtes Aug'
Trank halb ihm das Blut aus dem Herzen

Der Ritter kam zu seiner Braut,
Mit großen Liebesschmerzen.

Er setzte sich in der Jungfraun Saal,
Er war so blutig, so bleiche;
Die kosenden Jungfraun in dem Saal,
Sie verstummten alle sogleiche.

Die Jungfraun ließen Freud und Scherz,
Sie saßen still so sehre;
Aber die stolze Jungfrau Adelutz
Warf von sich Nadel und Schere.

Die Jungfraun saßen still so sehr,
Sie ließen Scherz und Freude;
Aber die stolze Jungfrau Adelutz
Schlug zusammen die Hände beide.

"Willkommen, German der fröhliche Held,
Wo habt Ihr gespielet so mutig?
Warum sind Eure Wangen so bleich
Und Eure Kleider so blutig?"'

"Adee, stolze Jungfrau Adelutz,
Muss wieder zurück zu dem Raben,
Der mein Aug ausriss, und mein Herzblut trank,
Auch meinen Leib will er haben."

Einen goldnen Kamm zieht sie heraus
Selbst kämmt sie ihm seine Haare;
Bei jedem Haare das sie kämmt,
Vergießt sie Tränen viel klare.

Bei jeder Locke, die sie ihm schlingt,
Vergießt sie Tränen viel klare;
Sie verwünscht seine Mutter, durch deren Schuld,
Er so viel Unglück erfahre.

Die stolze Jungfrau Adelutz
Zog ihn in ihre Arme beide:
"Deine böse Mutter sei verwünscht,
Sie bracht uns zu solchem Leide."

"Hört, stolze Jungfrau Adelutz,
Meine Mutter verwünschet nimmer,
Sie konnte nicht wie sie gewollt,
Seinem Schicksal erliegt man immer."

Er setzte sich in sein Federgewand,
Flog wieder fort so schnelle.
Sie setzt sich in ein andres Federgewand,
Und folgt ihm auf der Stelle.

Er flog wohl auf, er flog wohl ab,
In der weiten Wolkenhöhe;
Sie flog beständig hinter ihm drein,
Blieb immer in seiner Nähe.

"Kehrt um, stolze Jungfrau Adelutz,
Müsst wieder nach Hause fliegen;
Eure Saaltür ließet Ihr offen stehn,
Eure Schlüssel zur Erde liegen."'

"Lass' meine Saaltür offen stehn,
Meine Schlüssel liegen zur Erde;
Wo Ihr empfangen habt Euer Leid,
Dahin ich Euch folgen werde."

Er flog wohl ab, er flog wohl auf,
Die Wolken hingen so dichte,
Es brach herein die Dämmerung,
Sie verlor ihn aus dem Gesichte.

Alle die Vögel die sie im Fluge traf,
Die schnitt sie da in Stücken;

Nur dem wilden hässlichen Raben zu nahn
Das wollt' ihr nicht gelücken.

Die stolze Jungfrau Adelutz,
Herunter flog zum Strand sie;
Sie fand nicht German den fröhlichen Held,
Seine rechte Hand nur fand sie.

Da schwang sie sich wieder erzürnt empor,
Zu treffen den wilden Raben;
Sie flog gen Westen, gen Osten sie flog,
Von ihr selbst den Tod sollt' er haben.

Alle die Vögel, die kamen vor ihre Scher',
Hat sie in Stücken zerschnitten;
Und als sie den wilden Nachtraben traf,
Sie schnitt ihn entzwei in der Mitten.'

Sie schnitt ihn und zerrt ihn, so lang bis sie selbst
Des müden Todes gestorben.
Sie hat um German den fröhlichen Held
So viel Kummer und Not erworben.

Höchst bedeutungsvoll ist in diesem Liede nicht bloß die Erwähnung des Federgewandes, sondern das Fliegen selbst. Zur Zeit des Heidentums waren es Königinnen und edle Frauen von welchen man sagte, dass sie in den Lüften zu fliegen verstünden, und diese Zauberkunst, die damals für etwas Ehrenwertes galt, wurde später, in christlicher Zeit, als eine Abscheulichkeit des Hexenwesens dargestellt. Der Volksglaube von den Luftfahrten der Hexen ist eine Travestie alter germanischer Traditionen und verdankt seine Entstehung keineswegs dem Christentum, wie man aus einer Bibelstelle, wo Satan unseren Heiland durch die Lüfte führt[48], irrtümlich vermutet hat, jene Bibelstelle könnte allenfalls zur Justifikation des Volksglaubens dienen, indem dadurch bewiesen ward, dass der Teufel wirklich im Stande sei die Menschen durch die Luft zu tragen.

Die Schwanenjungfraun, von welchen ich geredet, halten manche für die Walküren der Skandinavier[49]. Auch, von diesen haben sich bedeutsame Spuren im Volksglauben erhalten. Die Hexen, die Shakespeare in seinem Macbeth auftreten lässt, werden in der alten Sage, die der Dichter fast umständlich benutzt hat, weit edler geschildert. Nach dieser Sage sind dem Helden im Walde, kurz vor der Schlacht, drei rätselhafte Jungfrauen begegnet, die ihm sein Schicksal voraussagten und spurlos verschwanden. Es waren Valkyren, oder gar die Nornen, die Parzen des Nordens[50]. An diese mahnen auch die drei wunderlichen Spinnerinnen, die uns aus, alten Ammenmärchen bekannt sind; die eine hat einen Plattfuß, die andre einen breiten Daumen und die dritte eine Hängelippe. Hieran erkennt man sie immer, sie mögen sich verjüngt oder veraltet präsentieren.

Ich kann nicht umhin hier eines Märchens zu erwähnen, als dessen Schauplatz mir die rheinische Heimat wieder recht blühend und lachend ins Gedächtnis tritt. Auch hier erscheinen drei Frauen, von welchen ich nicht bestimmen kann, ob sie Elementargeister sind oder Zauberinnen, nämlich Zauberinnen von der altheidnischen Observanz, die sich von der späteren Hexenschwesterschaft, durch poetischen Anstand, so sehr unterscheiden. Ganz genau habe ich die Geschichte nicht im Kopfe; wenn ich nicht irre wird sie in Schreibers rheinischen Sagen[51] aufs umständlichste erzählt. Es ist die Sage vom Wispertale[52], welches unweit Lorch am Rheine gelegen ist. Dieses Tal führt seinen Namen von den wispernden Stimmen, die einem dort ans Ohr vorbeipfeifen und an ein gewisses heimliches Pst! Pst! erinnern, das man zur Abendzeit in gewissen Seitengässchen einer, Hauptstadt zu vernehmen pflegt. Durch dieses Wispertal wanderten eines Tages drei junge Gesellen, sehr frohgelaunt und höchst neugierig, was doch das beständige Pst! Pst! bedeuten möge. Der ältere und gescheuteste von ihnen, ein Schwertfeger seines Handwerks, rief endlich ganz laut: das sind Stimmen von Weibern, die gewiss so hässlich sind, dass sie sich nicht zeigen dürfen! Er hatte kaum die herausfordernd schlauen Worte gesprochen, da standen plötzlich drei wunderschöne Jungfrauen vor ihm, die ihn und seine zwei Gefährten mit anmutiger Gebärde einluden, sich in ihrem Schlosse von den Mühseligkeiten der Reise zu erholen und sonstig zu erlustigen. Dieses Schloss, welches sich ganz in ihrer Nähe befand, hatten die jungen Gesellen vorher gar nicht bemerkt, vielleicht weil es nicht frei aufgebaut, sondern in einem Felsen ausgehauen war, so dass nur die kleinen Spitzbögenfenster und ein großer Torweg von außen sichtbar. Als sie hineintraten in das Schloss, wunderten sie sich nicht wenig über die Pracht, die ihnen von allen Seiten entgegen glänzte. Die drei Jungfrauen, welche es ganz allein zu bewohnen, schienen, gaben ihnen dort ein köstliches Gastmahl, wobei sie ihnen selber den Weinbecher kredenzten. Die jungen Gesellen, denen das Herz in der Brust immer freudiger lachte, hatten nie so, schöne, blühende und liebreizende Weibsbilder gesehen und sie verlobten sich denselben mit vielen brennenden Küssen. Am dritten Tage sprachen die Jungfrauen: wenn Ihr immer mit uns leben wollt, Ihr holden Bräutigame, so müsst Ihr vorher noch einmal in den Wald gehen und Euch erkundigen was die Vögel dort singen und sagen; sobald Ihr dem Sperling, der Elster und der Eule ihre Sprüche abgelauscht und sie wohlverstanden habt, dann kommt wieder zurück in unsere Arme.

Die drei Gesellen begaben sich hierauf in den Wald, und nachdem sie sich durch Gestripp und Krüppelholz den Weg gebahnt, an manchem Dorn sich geritzt, auch über manche Wurzel gestolpert, kamen sie zu dem Baume worauf ein Sperling saß, welcher folgenden Spruch zwitscherte:

Es sind mal drei dumme Hänse
Ins Schlaraffenland gezogen;
Da kamen die gebratenen Gänse
Ihnen just vors Maul geflogen.

Sie aber sprachen: „Die armen Schlaraffen,
Sie wissen doch nichts Gescheutes zu schaffen,
Die Gänse müssten viel kleiner sein,
Sie gehn uns ja nicht ins Maul hinein.“

Ja, ja, rief der Schwertfeger, das ist eine ganz richtige Bemerkung! Ja, ja, wenn der lieben Dummheit die gebratenen Gänse sogar vors Maul geflogen kommen, so fruchtet es ihr doch nichts! Ihr Maul ist zu klein und die Gänse sind zu groß, und sie weiß sich nicht zu helfen!

Nachdem die drei Gesellen weiter gewandert, sich durch Gestrüpp und Krüppelholz den Weg gebahnt, an manchem Dorn sich geritzt, über manche Wurzel gestolpert, kamen sie zu einem Baume auf dessen Zweigen eine Elster hin und her sprang und folgenden Spruch plapperte: Meine Mutter war eine Elster, meine Großmutter war ebenfalls eine Elster, meine Urgroßmutter war wieder eine Elster, auch meine Ur-Urgroßmutter war eine Elster, und wenn meine Ur Urgroßmutter nicht gestorben wär, so lebte sie noch.

Ja, ja, rief der Schwertfeger, das verstehe ich! das ist ja die allgemeine Weltgeschichte. Das ist am Ende der Inbegriff aller unserer Forschungen und viel mehr werden die Menschen auf dieser Welt nimmermehr erfahren.

Nachdem die drei Gesellen wieder weiter gewandert, durch Gestrüpp und Krüppelholz sich den Weg gebahnt, an manchem Dorn sich geritzt, über manche Wurzel gestolpert, kamen sie zu einem Baume, in dessen Höhlung eine Eule saß, die folgenden Spruch vor sich hin murrte: Wer mit einem Weibe spricht, der wird von einem Weibe betrogen, wer mit zwei Weibern spricht, der wird von zwei betrogen, und wer mit drei Weibern spricht, der wird von drei betrogen.

Holla! rief zornig der Schwertfeger, du hässlicher, armseliger Vogel mit deiner hässlichen armseligen Weisheit, die man von jedem bucklichten Bettler für einen Pfennig kaufen könnte! Das ist alter, abgestandener Leumund. Du würdest die Weiber weit besser beurteilen wenn du hübsch und lustig wärest wie wir, oder wenn du gar unsere Bräute kenntest, die so schön sind wie die Sonne und so treu wie Gold!

Hierauf machten sich die drei Gesellen auf den Rückweg, und nachdem sie, lustig pfeifend und trillernd, einige Zeit lang gewandert, befanden sie sich wieder Angesichts des Felsenschlosses, und mit ausgelassener Fröhlichkeit sangen sie das Schelmenlied:

Riegel auf, Riegel zu!
Feins Liebchen, was machst du?
Schläfst du oder wachst du?
Weinst du oder lachst du?

Während nun die jungen Gesellen solchermaßen jubilierend vor dem Schlosstore standen, öffneten sich über demselben drei Fensterchen, und aus jedem guckte ein altes Mütterchen heraus; alle drei langnasig und triefäugig, wackelten sie vergnügt mit ihren greisen Köpfen, und sie öffneten ihre zahnlosen Mäuler und sie kreischten: Da unten sind ja unsere holden Bräutigame! Wartet nur, Ihr holden Bräutigame, wir werden Euch gleich das Tor öffnen und Euch mit Küssen bewillkommnen, und Ihr sollt jetzt das Lebensglück genießen in den Armen der Liebe! Die jungen Gesellen, zu Tode bestürzt, warteten nicht so lange bis die Pforten des Schlosses und die Arme ihrer Bräutchen, und das Lebensglück, das sie darin genießen sollten, sich ihnen öffneten; sie nahmen auf der Stelle Reißaus, liefen über Hals und über Kopf, und machten so lange Beine, dass sie noch desselben Tags in der Stadt Lorch anlangten. Als sie hier des Abends in der Schenke beim Weine saßen, mussten sie manchen Schoppen leeren, ehe sie sich von ihrem Schrecken ganz erholt. Der Schwertfeger aber fluchte hoch und teuer, dass die Eule der klügste Vogel der Welt sei, und mit Recht für ein Sinnbild der Weisheit gelte. Ich habe in diesen Blättern immer nur flüchtig ein Thema berührt, welches zu den interessantesten Betrachtungen einen bändereichen Stoff bieten könnte: nämlich die Art und Weise wie das Christentum die altgermanische Religion entweder zu vertilgen oder in sich aufzunehmen suchte und wie sich die Spuren derselben im Volksglauben erhalten haben. Wie jener Vertilgungskrieg geführt wurde ist bekannt - - - - Wenn das Volk, gewohnt an dem ehemaligen Naturdienst, auch nach der Bekehrung für gewisse Orte eine verjährte Ehrfurcht bewahrte, so suchte man solche Sympathie entweder für den neuen Glauben zu benutzen, oder als Antriebe des bösen Feindes zu verschreien. Bei jenen Quellen, die das Heidentum als göttlich verehrte, baute der christliche Priester sein kluges Kirchlein, und er selber segnete jetzt das Wasser und exploitierte dessen Wunderkraft. Es sind noch immer die alten lieben Brünnlein der Vorzeit, wohin das Volk wallfahrtet, und wo es gläubig seine Gesundheit schöpft, bis auf heutigen Tag. Die heiligen Eichen, die den frommen. Äxten widerstanden, wurden verleumdet; unter diesen Bäumen, hieß es jetzt, trieben die Teufel ihren nächtlichen Spuk und die Hexen ihre höllische Unzucht. Aber die Eiche blieb dennoch der Lieblingsbaum des deutschen

Volkes, die Eiche ist noch heut zu Tage das Symbol der deutschen Nationalität selber: es ist der größte und stärkste Baum des Waldes; seine Wurzel dringt bis in die Grundtiefe der Erde; sein Wipfel, wie ein grünes Banner flattert stolz in den Lüften; die Elfen der Poesie wohnen in seinem Stamme; die Mistel der heiligsten Weisheit rankt an seinen Ästen; nur seine Früchte sind kleinlich und ungenießbar für Menschen.

In den altdeutschen Gesetzen gibts jedoch noch viele Verbote: dass man bei den Flüssen, den Bäumen und Steinen nicht seine Andacht verrichten solle, in ketzerischem Irrwahn, dass eine Gottheit darin wohne. Karl der Große musste, in seinen Kapitularien[53], ausdrücklich befehlen: man solle nicht opfern bei Steinen, Bäumen, Flüssen; auch solle man dort keine geweihten Kerzen anzünden.

Diese drei, Steine, Bäume und Flüsse, erscheinen als Hauptmomente des germanischen Kultus, und damit korrespondiert der Glaube an Wesen die in den Steinen wohnen, nämlich Zwerge, an Wesen die in den Bäumen wohnen, nämlich Elfen und Wesen die im Wasser wohnen, nämlich Nixen. Will man einmal systematisieren, so ist diese Art weit zweckmäßiger, als das Systematisieren nach den verschiedenen Elementen, wo man noch für das Feuer eine vierte Klasse Elementargeister, nämlich die Salamander annimmt. Das Volk aber, welches immer systemlos, hat nie etwas von dergleichen gewusst. Es gibt unter dem Volke eigentlich nur die Sage von einem Tiere, welches im Feuer leben könne und Salamander heiße. Alle Knaben sind eifrige Naturforscher, und als kleiner Junge habe ich es mir mal sehr angelegen sein lassen, zu untersuchen, ob die Salamander wirklich im Feuer leben können. Als es einst meinen Schulkameraden gelungen, ein solches Tier zu fangen, hatte ich nichts eiligeres zu tun, als dasselbe in den Ofen zu werfen, wo es erst einen weißen Schleim in die Flamme spritzte, immer leiser zischte und endlich den Geist aufgab. Dieses Tier sieht aus wie eine Eidechse, ist aber safrangelb, etwas schwarz gesprenkelt, und der weiße Saft, den es im Feuer von sich gibt und womit es vielleicht manchmal die Flamme löscht, mag den Glauben veranlasst haben, dass es in den Flammen leben könne.

Die feurigen Männer, die des Nachts umherwandeln sind keine Elementargeister, sondern Gespenster von verstorbenen Menschen, toten Wucherern, unbarmherzigen Amtmännern und

Bösewichtern, die einen Grenzstein verrückt haben. Die Irrwische sind auch keine Geister. Man weiß nicht genau was sie sind; sie verlocken den Wandrer in Moorgrund und Sümpfe. Wie gesagt, eine ganze Klasse Feuergeister, wie Paracelsus sie beschreibt, kennt das Volk nicht. Es spricht höchstens nur von einem einzigen Feuergeist und das ist kein anderer als Luzifer, Satan, der Teufel. In alten Balladen erscheint er unter dem Namen der Feuerkönig, und im Theater, wenn er auftritt oder abgeht, fehlen nie die obligaten Flammen. Da er also der einzige Feuergeist ist und uns für eine ganze Klasse solcher Geister schadlos halten muss, wollen wir ihn näher besprechen.

In der Tat, wenn der Teufel kein Feuergeist wäre, wie könnte er es denn in der Hölle aushalten? Er ist ein Wesen von so kalter Natur, dass er sogar nirgends anders als im Feuer sich behaglich fühlen kann. Über diese kalte Natur des Teufels haben sich alle die armen Frauen beklagt, die mit ihm in nähere Berührung gekommen. Merkwürdig übereinstimmend sind in dieser Hinsicht die Aussagen der Hexen, wie wir sie in den Hexenprozessen aller Lande finden können. Diese Damen, die ihre fleischlichen Verbindungen mit dem Teufel eingestanden, sogar auf der Folter, erzählen immer von der Kälte seiner Umarmungen; eiskalt, klagten sie, waren die Ergüsse dieser teuflischen Zärtlichkeit.

Der Teufel ist kalt, selbst als Liebhaber. Aber hässlich ist er nicht; denn er kann ja jede Gestalt annehmen. Nicht selten hat er sich ja auch mit weiblichem Liebreiz bekleidet, um irgendeinen frommen Klosterbruder von seinen Bußübungen abzuhalten oder gar zur sinnlichen Freude zu verlocken. Bei anderen, die er nur schrecken wollte, erschien er in Tiergestalt, er und seine höllischen Gesellen. Besonders wenn er vergnügt ist und viel geschlammt und gebechert hat, zeigt er sich gern als ein Vieh. Da war ein Edelmann in Sachsen, der hatte seine Freunde eingeladen zu einem Gastmahl. Als nun der Tisch gedeckt und die Stunde der Mahlzeit gekommen und alles zugerichtet war, fehlten ihm seine Gäste, die sich einer nach dem anderen entschuldigen ließen. Darob zornig, entfuhren ihm die Worte: "wenn kein Mensch kommen will, so mag der Teufel bei mir essen mit der ganzen Hölle!" und er verließ das Haus, um seinen Unmut zu verschmerzen. Mittlerweile kommen in den Hof hereingeritten große und schwarze Reuter, und hießen des Edelmanns Knecht seinen Herren suchen, um ihm anzuzeigen, dass die zuletzt geladenen Gäste angelangt seien. Der Knecht, nach langem Suchen, findet endlich seinen Herren, kehrt mit diesem zurück, haben aber beide nicht den Mut ins Haus hineinzugehen. Denn sie hören wie drinnen das Schlemmen, Schreien und Singen immer toller wird, und endlich sehen sie wie die besoffenen Teufel, in der Gestalt von Bären, Katzen, Böcken, Wölfen und Füchsen, ans offene Fenster traten, in den Pfoten die vollen Becher oder die dampfenden Teller, und mit glänzenden Schnauzen und lachenden Zähnen heruntergrüßend.

Dass der Teufel in Gestalt eines schwarzen Bockes dem Konvente der Hexen präsidiert, ist allgemein bekannt. Welche Rolle er in dieser Gestalt zu spielen pflegte, werde ich später berichten, wenn ich von Hexen und Zauberei zu reden habe. In dem merkwürdigen Buche, worin der hochgelehrte Georgius Godelmanus[54] über dieses letztere Thema einen wahrhaften und folgebegründeten Bericht abstattet, finde ich auch, dass der Teufel nicht selten in der Gestalt eines Mönchs erscheint. Er erzählt folgendes Beispiel:

"Als ich in der berühmten hohen Schule zu Wittenberg die Rechte studierte, gedenkt mir noch wohl, etlichemal von meinen Lehrmeistern daselbst gehört zu haben, dass vor Luthers Tür gekommen sei ein Münch, welcher heftig an der Türe geklopft, und wie ihm der Diener auftat und fragte was er wollte, da fraget der Münch: ob der Luther daheim wäre? Als Lutherus die Sache erfuhr, ließ er ihn herein gehen, weil er nun eine gute Weile keinen Mönch gesehen hatte. Da dieser hineinkam sprach er, er habe etliche Papistische Irrtümer, derwegen er sich gern mit ihm besprechen wollte, und er legte ihm einige Syllogismus und Schulreden für, und da sie Luther ohne Mühe auflöste, brachte er andere, die nicht so leicht aufzulösen waren, daher Lutherus, etwas bewegt, diese Worte entfahren ließ: du machst mir viel zu schaffen, da ich doch anderes zu tun hätte! und stand sobald auf und zeigte ihm in der Bibel die Erklärung der Frage so der Münch vorbrachte. Und als er in demselbigen Gespräche vermerkte, dass des Münchs Hände nicht ungleich wären Vogelsklauen, sprach er: Bist du nicht Der? Halt, höre zu, dieses Urteil ist wider dich gefällt! und zeigte ihm sobald den Spruch in Genesis, dem ersten Buche Moses: des Weibes Samen wird der Schlange den Kopf zertreten[55]. Da der Teufel mit diesem Spruch überwunden, ward er zornig und ging murrend davon, warf das Schreibzeug hinter den Ofen, und verbreitete einen Duft, dessen die Stube noch etliche Tage übel roch."

In der vorstehenden Erzählung bemerkt man eine Eigentümlichkeit des Teufels, die sich schon frühe kund gab und bis auf den heutigen Tag erhalten hat. Es ist nämlich seine Disputiersucht, seine Sophistik, seine "Syllogismen". Der Teufel versteht sich auf Logik, und schon vor achthundert Jahren hat der Papst Silvester, der berühmte Gerbert[56], solches zu seinem Schaden erfahren. Dieser hatte nämlich, als er zu Cordoba studierte, mit Satan einen Bund geschlossen und durch seine höllische Hülfe lernte er Geometrie, Algebra, Astronomie, Pflanzenkunde, allerlei nützliche Kunststücke, unter anderen die Kunst Papst zu werden. In Jerusalem sollte vertragsmäßig sein Leben enden. Er hütete sich wohl hinzugehen. Als er aber einst in einer Kapelle zu Rom Messe las, kam der Teufel um ihn abzuholen, und indem der Papst sich dagegen sträubt, beweist ihm jener, dass die Kapelle worin sie sich befänden, den Namen Jerusalem führe, dass die Bedingungen des alten Bündnisses erfüllt seien, und dass er ihm nun zur Hölle folgen müsse. Und der Teufel holt den Papst, indem er ihm lachend ins Ohr flüstert:

Tu non pensavi ch'io loico fossi!

(Dante Inferno c. 28).

"Du dachtest nicht daran, dass ich ein Logiker bin!"

Der Teufel versteht Logik, er ist Meister in der Metaphysik, und mit seinen Spitzfindigkeiten und Ausdeuteleien überlistet er alle seine Verbündeten. Wenn sie, nicht genau aufpassten und den Kontrakt später nachlasen, fanden sie zu ihrem Erschrecken, dass der Teufel anstatt Jahre nur Monate, oder Wochen, oder gar Tage geschrieben, und er kommt ihnen plötzlich über den Hals und beweist ihnen, dass die Frist abgelaufen. In einem der älteren Puppenspiele, welche das Satansbündnis, Schandleben und erbärmliche Ende des Doktor Faustus vorstellen, findet sich ein ähnlicher Zug. Faust welcher vom Teufel die Befriedigung aller irdischen Genüsse begehrte, hat ihm dafür seine Seele verschrieben und sich anheischig gemacht, zur Hölle zu fahren, sobald er die dritte Mordtat begangen habe. Er hat schon zwei Menschen getötet und glaubt ehe er zum drittenmahle jemanden umbringe, sei er dem Teufel noch nicht verfallen. Dieser aber beweist ihm, dass eben sein Teufelsbündnis, sein Seelentotschlag, als dritte Mordtat zähle, und mit dieser verdammten Logik führt er ihn zur Hölle. Wie weit Goethe in seinem Mephisto jenen Charakterzug der Sophistik exploitiert hat, kann jeder selbst beurteilen. Nichts ist ergötzlicher als die Lektüre von Teufelskontrakten, die sich aus der Zeit der Hexenprozesse erhalten haben, und worin der Kontrahent sich vorsichtig gegen alle Schikanen verklausuliert und alle Stipulationen[57] aufs ängstlichste paraphrasiert.

Der Teufel ist ein Logiker. Er ist nicht bloß der Repräsentant der weltlichen Herrlichkeit, der Sinnenfreude, des Fleisches, er ist auch Repräsentant der menschlichen Vernunft, eben weil diese alle Rechte der Materie vindiziert[58]; und er bildet somit den Gegensatz zu Christus, der nicht bloß den Geist, die asketische Entsinnlichung, das himmlische Heil, sondern auch den Glauben repräsentiert. Der Teufel glaubt nicht, er stützt sich nicht blindlings auf fremde Autoritäten, er will vielmehr dem eignen Denken vertrauen, er macht Gebrauch von der Vernunft! Dieses ist nun freilich etwas Entsetzliches, und mit Recht hat die römisch katholisch apostolische Kirche das Selbstdenken als Teufelei verdammt und den Teufel, den Repräsentanten der Vernunft, für den Vater der Lüge erklärt.

Über die Gestalt des Teufels lässt sich in der Tat nichts Genaues angeben. Die Einen behaupten, wie ich schon erwähnt, er habe gar keine bestimmte Gestalt und könne sich in jeder beliebigen Form produzieren. Dieses ist wahrscheinlich. Finde ich doch in der Dämonomagie von Horst[59], dass der Teufel sich sogar zu Salat machen, könne. Eine sonst ehrbare Nonne, die aber ihre Ordensregeln nicht genau befolgte und sich nicht oft genug mit dem heiligen Kreuze bezeichnete, aß einmal Salat. Kaum hatte sie ihn gegessen als sie Regungen empfand, die ihr sonst fremd waren und sich keineswegs mit ihrem Stande vertrugen. Es wurde ihr jetzt gar sonderbar zu Mute des Abends, im Mondschein, wenn die Blumen so stark dufteten und die Nachtigallen so schmelzend und schluchzend sangen. Bald darauf machte ein angenehmer Junggeselle mit ihr Bekanntschaft. Nachdem beide mit einander vertrauter geworden, fragte sie der schöne Jüngling einmal: "weißt du denn auch wer ich bin?" Nein, sagte die Nonne mit einiger

Bestürzung. "Ich bin der Teufel, erwiderte jener. Erinnerst du dich nicht jenes Salates? Der Salat das war ich!"

Manche behaupten, der Teufel sehe immer wie ein Tier aus, und es sei nur eitel Täuschung wenn wir ihn in einer anderen Gestalt erblicken. Etwas Zynisches hat der Teufel freilich, und diesen Charakterzug hat niemand besser beleuchtet wie unser Dichter Wolfgang Goethe. Ein anderer deutscher Schriftsteller, der in seinen Mängeln eben so großartig ist wie in seinen Vorzügen, jedenfalls aber zu den Dichtern ersten Ranges gezählt werden muss, Herr Grabbe, hat den Teufel in jener Beziehung ebenfalls vortrefflich gezeichnet. Auch die Kälte in der Natur des Teufels hat er ganz richtig begriffen. In einem Drama dieses genialen Schriftstellers erscheint der Teufel auf Erden, weil seine Mutter in der Hölle schruppt; letzteres ist eine bei uns gebräuchliche Art die Zimmer zu reinigen, wobei das Estrich mit heißem Wasser übergossen und mit einem groben Tuche gerieben wird, so dass ein quiekender Misston und lauwarmer Dampf entsteht, der es einem vernünftigen Wesen unmöglich macht unterdessen zu Hause zu bleiben. Der Teufel muss deshalb aus der wohlgeheizten Hölle sich in die kalte Oberwelt hinaufflüchten, und hier, obgleich es ein heißer Juliustag ist, empfindet der arme Teufel dennoch einen so großen Frost, dass er fast erfriert und nur mit ärztlicher Hülfe aus dieser Erstarrung gerettet wird[60].

Wir sahen eben, dass der Teufel eine Mutter hat; viele behaupten, er habe eigentlich nur eine Großmutter. Auch diese kommt zuweilen zur Oberwelt, und auf sie bezieht sich vielleicht das Sprichwort: wo der Teufel selbst nichts ausrichten kann, da schickt er ein altes Weib. Gewöhnlich aber ist sie in der Hölle mit der Küche beschäftigt, oder sitzt in ihrem roten Lehnsessel, und wenn der Teufel des Abends, müde von den Tagesgeschäften, nach Hause kommt, frisst er in schlingender Hast was ihm die Mutter gekocht hat, und dann legt er seinen Kopf in ihren Schoß und lässt sich von ihr lausen und schläft ein. Die Alte pflegt ihm auch wohl dabei ein Lied vorzuschnurren, welches mit folgenden Worten beginnt:

Im Thume, im Thume,
Da steht eine Rosenblume,
Rose rot wie Blut.

***

Es ist eine eigne Sache um die Schriftstellerei. Der Eine hat Glück in der Ausübung derselben, der Andre hat Unglück. Das schlimmste Missgeschick trifft vielleicht meinen armen Freund Hinrich Kitzler[61], Magister Artium zu Göttingen. Keiner dort ist so gelehrt, keiner so ideenreich, keiner so fleißig wie dieser Freund, und dennoch ist bis auf dieser Stunde noch kein Buch von ihm auf der Leipziger Messe zum Vorschein gekommen. Der alte Stiefel auf der Bibliothek lächelte immer wenn Hinrich Kitzler ihn um ein Buch bat, dessen er sehr bedürftig sei für ein Werk, welches er eben unter der Feder habe. Es wird noch lange unter der Feder bleiben! murmelte dann der alte Stiefel, während er die Bücherleiter hinaufstieg. Sogar die Köchinnen lächelten, wenn sie auf der Bibliothek die Bücher abholten: "für den Kitzler." Der Mann galt allgemein für einen Esel, und im Grunde war er nur ein ehrlicher Mann. Keiner kannte die wahre Ursache warum nie ein Buch von ihm herauskam, und nur durch Zufall entdeckte ich sie, als ich ihn einst um Mitternacht besuchte, um mein Licht bei ihm anzuzünden; denn er war mein Stubennachbar. Er hatte eben sein großes Werk über die Vortrefflichkeit des Christentums vollendet; aber er schien sich darob keineswegs zu freuen und betrachtete mit Wehmut sein Manuskript. Nun wird dein Name doch endlich, sprach ich zu ihm, im Leipziger Messkatalog unter den fertig gewordenen Büchern prangen! Ach nein, seufzte er aus tiefster Brust, auch dieses Werk werde ich ins Feuer werfen müssen, wie die vorigen ... Und nun vertraute er mir sein schreckliches Geheimnis. Den armen Magister traf wirklich das schlimmste Missgeschick, jedes Mal wenn er ein Buch schrieb. Nachdem er nämlich für das Thema, das er beweisen wollte, alle seine Gründe entwickelt, glaubte er sich verpflichtet die Einwürfe, die etwa ein Gegner anführen könnte, ebenfalls mitzuteilen; er ergrübelte alsdann vorn entgegengesetzten Standpunkte aus die scharfsinnigsten Argumente, und indem diese unbewusst in seinem Gemüte Wurzel fassten, geschah es immer, dass, wenn das Buch fertig war, die Meinungen des armen Verfassers sich allmählich umgewandelt hatten, und eine dem Buche ganz entgegengesetzte Überzeugung in seinem Geiste erwachte. Er war alsdann auch ehrlich genug (wie ein französischer Schriftsteller ebenfalls handeln würde) den Lorbeer des literarischen Ruhmes auf dem Altare

44

der Wahrheit zu opfern, d. h. sein Manuskript ins Feuer zu werfen. Darum seufzte er aus so tiefster Brust, als er die Vortrefflichkeit des Christentums bewiesen hatte. Da habe ich nun, sprach er traurig, zwanzig Körbe Kirchenväter exzerpiert; da habe ich nun ganze Nächte am Studiertische gehockt und Akta Sanktorum[62] gelesen, während auf deiner Stube Punsch getrunken und der Landesvater[63] gesungen wurde; da habe ich nun für theologische Novitäten, deren ich zu meinem Werke bedurfte, 38 sauer erworbene Taler an Vandenhoek et Rupprecht bezahlt, statt mir für das Geld einen Pfeifenkopf zu kaufen; da habe ich nun gearbeitet wie ein Hund seit zwei Jahren, zwei kostbaren Lebensjahren ... und alles um mich lächerlich zu machen, um wie ein ertappter Prahler die Augen niederzuschlagen, wenn die Frau Kirchenrätin Plank[64] mich fragt: wann wird Ihre Vortrefflichkeit des Christentums herauskommen? Ach! das Buch ist fertig, fuhr der arme Mann fort, und würde auch dem Publikum gefallen; denn ich habe den Sieg des Christentums über das Heidentum darin verherrlicht und ich habe bewiesen, dass dadurch auch die Wahrheit und die Vernunft über Heuchelei und Wahnsinn gesiegt. Aber, ich Unglückseligster, in tiefster Brust fühle ich dass - - -

Sprich nicht weiter! rief ich mit gerechter Entrüstung, wage nicht, Verblendeter, das Erhabene zu schwärzen und das Glänzende in den Staub zu ziehn! Wenn du auch die Wunder des Evangeliums leugnen möchtest, so kannst du doch nicht leugnen, dass der Sieg des Evangeliums selber ein Wunder war. Eine kleine Schaar wehrloser Menschen drang in die große Römerwelt, trotzte ihren Schergen und Weisen, und triumphierte durch das bloße Wort. Aber welch ein Wort! Das morsche Heidentum erbebte und krachte bei dem Worte dieser fremden Männer und Frauen, die ein neues Himmelreich ankündigten und nichts fürchteten auf der alten Erde, nicht die Tatzen der wilden Tiere, nicht den Grimm der noch wilderen Menschen, nicht das Schwert, nicht die Flamme ... denn sie selber waren Schwert und Flamme, Flamme und Schwert Gottes! Dieses Schwert hat das welke Laub und dürre Reisig abgeschlagen von dem Baume des Lebens und dadurch geheilt von der einfressenden Fäulnis; diese Flamme hat den erstarrten Stamm; wieder von innen erwärmt, dass frisches Laub und duftige Blüten hervorsprossen ... es ist die schauerlich erhabenste Erscheinung der Weltgeschichte dieses erste Auftreten des

Christentums, sein Kampf und sein vollkommener Sieg. Ich sprach diese Worte mit desto würdigerem Ausdruck, da ich an jenem Abend sehr viel Einbecker Bier zu mir genommen hatte, und meine Stimme desto volltönender erscholl.

Hinrich Kitzler ließ sich aber dadurch keineswegs verblüffen, und mit einem ironisch schmerzlichen Lächeln sprach er: Bruderherz! gib dir keine überflüssige Mühe. Alles was du jetzt sagst, habe ich selber, in diesem Manuskripte, weit besser und weit gründlicher auseinandergesetzt. Hier habe ich den verworfenen Weltzustand zur Zeit des Heidentums aufs grellste ausgemalt, und ich darf mir schmeicheln, dass meine kühnen Pinselstriche an die Werke der besten Kirchenväter erinnern. Ich habe gezeigt, wie lasterhaft die Griechen und Römer geworden, durch das böse Beispiel jener Götter, welche, nach den Schandtaten die man ihnen nachsagte, kaum würdig gewesen wären für Menschen zu gelten. Ich habe unumwunden ausgesprochen, dass sogar Jupiter, der oberste der Götter, nach dem königl. hannoverischen Kriminalrechte, hundertmal das Zuchthaus, wo nicht gar den Galgen, verdient hätte. Dagegen habe ich die Moralsprüche, die im Evangelium vorkommen, gehörig paraphrasiert und gezeigt, wie, nach dem Muster ihres göttlichen Vorbilds, die ersten Christen, trotz der Verachtung und Verfolgung, welche sie dafür erduldeten, nur die schönste Sittenreinheit gelehrt und ausgeübt haben. Das ist die schönste Partie meines Werks, wo ich begeisterungsvoll schildere, wie das junge Christentum, der kleine David, mit dem alten Heidentum in die Schranken tritt und diesen großen Goliath tötet. Aber ach! dieser Zweikampf erscheint mir seitdem in einem sonderbaren Lichte - - - Ach! alle Lust und Liebe für meine Apologie versiegte mir in der Brust, als ich mir lebhaft ausdachte, wie etwa ein Gegner den Triumph des Evangeliums schildern könnte. Zu meinem Unglück fielen mir einige neuere Schriftsteller, z. B. Edward Gibbon, in die Hände, die sich eben nicht besonders günstig über jenen Sieg, aussprachen und nicht sehr davon erbaut schienen, dass die Christen, wo das geistige Schwert und die geistige Flamme nicht hinreichten, zu dem weltlichen Schwert und der weltlichen Flamme ihre Zuflucht nahmen. Ja, ich muss gestehen, dass mich endlich für die Reste des Heidentums, jene schönen Tempel und Statuen, ein schauerliches Mitleid anwandelte; denn sie gehörten nicht mehr der Religion, die schon lange, lange vor Christi Geburt, tot war, sondern sie gehörten der Kunst, die da ewig lebt. Es trat mir einst feucht in die Augen, als ich zufällig auf der Bibliothek "die Schutzrede für die Tempel" las, worin, der alte Grieche Libanius die frommen Barbaren aufs Schmerzlichste beschwor, jene teuren Meisterwerke zu schonen, womit der bildende Geist der Hellenen die Welt verziert hatte. Aber vergebens! jene Denkmäler einer Frühlingsperiode der Menschheit, die nie wiederkehren wird und die nur einmal hervorblühen konnte, gingen unwiederbringlich zu Grunde, durch den schwarzen Zerstörungseifer der Christen - - -

Nein, fuhr der Magister fort in seiner Rede, ich will nicht nachträglich, durch Herausgabe dieses Buches, Teil nehmen an solchem Frevel, nein, das will ich nimmermehr ... Und Euch, Ihr zerschlagenen Statuen der Schönheit, Euch Ihr Manen der toten Götter, Euch die Ihr nur noch liebliche Traumbilder seid im Schattenreiche der Poesie, Euch opfere ich dieses Buch!

Bei diesen Worten warf Hinrich Kitzler sein Manuskript in die Flammen des Kamines, und von der Vortrefflichkeit des Christentums blieb nichts übrig als graue Asche. -

Dieses geschah zu Göttingen im Winter 1820, einige Tage vor jener verhängnisvollen Neujahrsnacht, wo der Pedell Doris[65] die fürchterlichsten Prügel bekommen und zwischen der Burschenschaft und den Landsmannschaften fünf und achtzig Duelle kontrahirt wurden. Es waren fürchterliche Prügel, die damals, wie ein hölzerner Platzregen, auf den breiten Rücken des armen Pedells herabfielen. Aber als guter Christ tröstete er sich mit der Überzeugung, dass wir dort oben im Himmel einst entschädigt werden für die Schmerzen, die wir unverdienterweise hienieden erduldet haben. Das ist nun lange her. Der alte Doris hat längst ausgeduldet und schlummert in seiner friedlichen Ruhestätte vor dem Weender Tore. Die zwei großen Parteien, die einst die Wahlplätze von Bovden, Ritschenkrug und Rasenmühle mit dem Schwertergeklirr ihrer Polemik erfüllten, haben längst, im Gefühl ihrer gemeinschaftlichen Nichtigkeit, aufs zärtlichste Brüderschaft getrunken; und auf den Schreiber dieser Blätter hat ebenfalls das Gesetz der Zeit seinen mächtigen Einfluss geübt. In meinem Hirne gaukeln minder heitere Farben als damals, und mein Herz ist schwer geworden; wo ich einst lachte, weine ich jetzt, und ich verbrenne mit Unmut die Altarbilder meiner ehemaligen Andacht.

Es gab eine Zeit, wo ich jedem Kapuziner, dem ich auf der Straße begegnete, gläubig die Hand küsste. Ich war ein Kind, und mein Vater ließ mich ruhig gewähren, wohl wissend, dass meine Lippen sich nicht immer mit Kapuzinerfleisch begnügen würden. Und in der Tat, ich wurde größer und küsste schöne Frauen... Aber sie sahen mich manchmal an mit so bleichem Schmerze, und ich erschrak in den Armen der Freude ... Hier war ein Unglück verborgen, das niemand sah und woran jeder litt; und ich dachte drüber nach. Ich habe auch drüber nachgedacht, ob Entbehrung und Entsagung wirklich allen Genüssen dieser Erde vorzuziehen sei, und ob diejenigen, die hienieden sich mit Disteln begnügt haben, dort oben desto reichlicher mit Ananassen gespeist werden? Nein, wer Disteln gegessen, war ein Esel; und wer die Prügel bekommen hat, der behält sie. Armer Doris!

Doch es ist mir nicht erlaubt mit bestimmten Worten hier von allen den Dingen zu reden, worüber ich nachgedacht, und noch weniger ist es mir erlaubt die Resultate meines Nachdenkens mitzuteilen. Werde ich mit verschlossenen Lippen ins Grab hinabsteigen müssen, wie so manche andere? Nur einige banale Tatsachen sind mir vielleicht vergönnt hier anzuführen, um den Fabeleien, die ich kompiliere, einige Vernünftigkeit oder wenigstens den Schein derselben einzuweben. Jene Tatsachen beziehen sich nämlich auf den Sieg des Christentums über das Heidentum. Ich bin gar nicht der Meinung meines Freundes Kitzler, dass die Bilderstürmerei der ersten Christen so bitter zu tadeln sei; sie konnten und durften die alten Tempel und Statuen nicht schonen, denn in diesen lebte noch jene alte griechische Heiterkeit, jene Lebenslust, die dem Christen als Teufeltum erschien. In diesen Statuen und Tempeln sah der Christ nicht bloß die Gegenstände eines fremden Kultus, eines nichtigen Irrglaubens, dem alle Realität fehle: sondern diese Tempel hielt er für die Burgen wirklicher Dämonen, und den Göttern, die diese Statuen darstellten, verlieh er eine unbestrittene Existenz; sie waren nämlich lauter Teufel. Wenn die ersten Christen sich weigerten vor den Bildsäulen der Götter zu knien und zu opfern, und deshalb angeklagt und vor Gericht geschleppt wurden, antworteten sie immer: sie dürften keine Dämonen anbeten! Sie erduldeten lieber das Martyrium, als dass sie vor dem Teufel Jupiter, oder vor der Teufelin Diana, oder gar vor der Erzteufeln Venus irgendeinen Akt der Verehrung vollzogen.

Arme, griechische Philosophen! Sie konnten diesen Widerspruch niemals begreifen, wie sie auch späterhin niemals begriffen, dass sie in ihrer Polemik mit den Christen keineswegs die alte erstorbene Glaubenslehre, sondern weit lebendigere Dinge zu verteidigen hatten. Es galt nämlich nicht die tiefere Bedeutung der Mythologie durch neoplatonische Spitzfündigkeiten zu beweisen, den erstorbenen Göttern ein neues symbolisches Lebensblut zu infusieren und sich mit den plumpen, materiellen Einwürfen der ersten Kirchenväter, die besonders über den moralischen Charakter der Götter fast voltairisch spotteten, tagtäglich abzuquälen: es galt vielmehr den Hellenismus selbst, griechische Gefühls- und Denkweise, zu verteidigen und der Ausbreitung des Judaismus, der jüdischen Gefühls- und Denkweise, entgegenzuwirken. Die Frage war: ob der trübsinnige, magere, sinnenfeindliche, übergeistige Judaismus der Nazarener, oder ob hellenische Heiterkeit, Schönheitsliebe und blühende Lebenslust in der Welt herrschen solle? Jene schönen Götter waren nicht die Hauptsache; niemand glaubte mehr an die Ambrosia-duftenden Bewohner des Olymps, aber man amüsierte sich göttlich in ihren Tempeln, bei ihren Festspielen, Mysterien; da schmückte man das Haupt mit Blumen, da gab es feierlich holde Tänze, da lagerte man sich zu freudigem Mahlen... wo nicht gar zu noch süßeren Genüssen.

All diese Lust, all dieses frohe Gelächter ist längst verschollen, und in den Ruinen der alten Tempel wohnen, nach der Meinung des Volkes, noch immer die altgriechischen Gottheiten, aber sie haben durch den Sieg Christi all ihre Macht verloren, sie sind arge Teufel, die sich am Tage, unter Eulen und Kröten, in den dunkeln Trümmern ihrer ehemaligen Herrlichkeit versteckt halten, des Nachts aber in liebreizender Gestalt emporsteigen, um irgend einen arglosen Wandrer oder verwegenen Gesellen zu betören und zu verlocken.

Auf diesen Volksglauben beziehen sich nun die wunderbarsten Sagen, und neuere Poeten schöpften hier die Motive ihrer schönsten Dichtungen. Der Schauplatz ist gewöhnlich Italien und der Held derselben irgendein deutscher Ritter, der wegen seiner jungen Unerfahrenheit, oder auch seiner schlanken Gestalt wegen,

von den schönen Unholden mit besonders lieblichen Listen umgarnt wird. Da geht er nun, an schönen Herbsttagen, mit seinen
einsamen Träumen spazieren, denkt vielleicht an die heimischen
Eichenwälder und an das blonde Mädchen, das er dort gelassen,
der leichte Fant! Aber plötzlich steht er vor einer marmornen
Bildsäule, bei deren Anblick er fast betroffen stehen bleibt. Es ist
vielleicht die Göttin der Schönheit, und er steht ihr Angesicht zu
Angesicht gegenüber, und das Herz des jungen Barbaren wird
heimlich ergriffen von dem alten Zauber. Was ist das? So schlanke
Glieder hat er noch nie gesehen, und in diesem Marmor ahndet
er: ein lebendigeres Leben, als er jemals in den roten Wangen und
Lippen, in der ganzen Fleischlichkeit seiner Landsmänninnen
gefunden hat. Diese weißen Augen sehen ihn so wollüstig an, und
doch zugleich so schauerlich schmerzvoll, dass seine Brust erfüllt
wird von Liebe und Mitleid, Mitleid und Liebe. Er geht nun öfter
spazieren unter den alten Ruinen, und die Landsmannschaft ist
verwundert, dass man ihn fast gar nicht mehr sieht bei Trinkgelagen und Waffenspielen. Es gehen kuriose Gerüchte über sein
Treiben unter den Trümmern des Heidentums. Aber eines Morgens stürzt er, mit bleichem verzerrten Antlitz, in die Herberge,
berichtet die Zehrung[66], schnürt seinen Ranzen, und eilt zurück
über die Alpen. Was ist ihm begegnet?

Es heißt, dass er eines Tages später als gewöhnlich, als schon die
Sonne unterging, nach seinen geliebten Ruinen wanderte, aber,
ob der einbrechenden Finsternis, jenen Ort nicht finden konnte,
wo er die Bildsäule der schönen Göttin stundenlang zu betrachten
pflegte. Nach langem Umherirren, als es schon Mitternacht sein
mochte, befand er sich plötzlich vor einer Villa, die er in dortiger
Gegend früherhin nie gesehen hatte, und er war nicht wenig verwundert, als Bediente mit Fackeln heraustraten, und ihn im Namen ihrer Gebieterin einluden, dort zu übernachten. Wie groß
aber war sein Erstaunen, als er in einen weiten, erleuchteten Saal
tretend eine Dame erblickte, die dort ganz allein auf und nieder
wandelte und an Gestalt und Gesichtszügen mit der schönen Statue seiner Liebe die auffallendste Ähnlichkeit hatte. Ja, sie glich
jenem Marmorbild umso mehr, da sie ganz in blendend weißem
Musselin gekleidet ging und ihr Antlitz außerordentlich bleich
war. Als der Ritter, mit sittigem Verneigen, ihr entgegentrat, betrachtete sie ihn lange ernst und schweigend, und fragte ihn end-

lich lächelnd: ob er hungrig sei? Obgleich nun dem Ritter das Herz in der Brust bebte, so hatte er doch einen deutschen Magen, in Folge des stundenlangen Umherirrens sehnte er sich wirklich nach einiger Atzung, und er ließ sich gern von der schönen Dame nach dem Speisesaal führen. Sie nahm ihn freundlich bei der Hand und er folgte ihr durch hohe, hallende Gemächer, die, trotz aller Pracht, eine unheimliche Öde verrieten.

Die Girandolen[67] warfen ein so gespenstisch fahles Licht auf die Wände, deren bunte Fresken allerlei heidnische Liebesgeschichten, z. B. Paris und Helena, Diana und Endymion, Calypso und Ulysses, darstellten. Die großen, abenteuerlichen Blumen, die in Marmorvasen längs den Fenstergeländern standen, waren von so beängstigend Üppigen Bildungen, und dufteten so leichenhaft, so betäubend. Dabei seufzte der Wind in den Kaminen wie ein leidender Mensch. Im Speisesaale setzte sich endlich die schöne Dame dem Ritter gegenüber, kredenzte ihm den Wein und reichte, ihm lächelnd die besten Kissen. Mancherlei, bei diesem Abendmahle, mochte dem Ritter, wohl befremdlich dünken. Als er um Salz bat, dessen auf dem Tische fehlte, zuckte ein fast hässlicher Unmut über das weiße Angesicht der schönen Frau, und erst nach wiederholtem Verlangen, ließ sie endlich, mit sichtbarer Verdrießlichkeit, von den Dienern das Salzfass herbeiholen. Diese stellten es mit zitternden Händen auf den Tisch und verschütteten schier die Hälfte des Inhalts. Doch der gute Wein, der wie Feuer in die Kehle des Ritters hinabglühte, beschwichtigte das geheime Grauen, das ihn manchmal anwandelte; ja, er wurde allmählich zutraulich und lüsternen Mutes, und als ihn die schöne Dame frug: ob er wisse was Liebe sei? da antwortete er ihr mit flammenden Küssen. Trunken von Liebe, vielleicht auch von süßem Wein, entschlief er bald an der Brust seiner zärtlichen Wirtin. Doch wüste Träume schwirrten ihm durch den Sinn; grelle Nachtgesichte, wie sie uns im wahnwitzigen Halbschlafe eines Nervenfiebers zu beschleichen pflegen. Manchmal glaubte er seine alte Großmutter zu sehen, die daheim auf dem roten Lehnsessel saß und mit hastig bewegten Lippen betete. Manchmal hörte er ein höhnisches Kichern, und das kam von den großen Fledermäusen, die, mit Fackeln in den Krallen, um ihn her flatterten; als er sie genauer betrachtete, wollte es ihm jedoch dünken, es seien die Bediente, die ihm bei Tische aufgewartet hatten. Zuletzt träumte ihm, seine schöne Wirtin habe sich plötzlich in ein hässliches Ungetüm verwandelt, und er selber, in rascher Todesangst, habe zu seinem Schwerte gegriffen und ihr damit das Haupt vom Rumpfe abgeschlagen. - Erst spät morgens, als die Sonne schon hoch am Himmel stand, erwachte der Ritter aus seinem Schlafe. Aber statt in der prächtigen Villa, worin er übernachtet zu haben vermeinte, befand er sich inmitten der wohlbekannten Ruinen, und mit Entsetzen sah er, dass die schöne Bildsäule, die er so sehr liebte, von ihrem Postamente heruntergefallen war, und ihr abgebrochenes Haupt zu seinen Füßen lag.

Einen ähnlichen Charakter trägt die Sage von dem jungen Ritter, der, als er einst, in einer Villa bei Rom, mit einigen Freunden Ball schlug, seinen Ring, der ihm bei diesem Spiele hinderlich wurde, von seiner Hand abzog, und damit er nicht verloren gehe, an den Finger eines Marmorbildes steckte. Als aber der Ritter, nachdem das Spiel beendigt war, zu der Statue, die eine heidnische Göttin vor stellte, zurückkehrte, sah er mit Schrecken, dass das marmorne Weib den Finger, woran er seinen Ring gesteckt hatte, nicht mehr grade wie vorher, sondern ganz eingebogen hielt, so dass es ihm unmöglich war, den Ring wieder von ihrem Finger abzuziehen, ohne ihr die Hand zu zerbrechen; welches ihm doch ein seltsames Mitgefühl nicht erlaubte. Er ging zu seinen Spielgenossen, um ihnen dieses Wunder zu berichten, und lud sie ein, sich mit eignen Augen davon zu überzeugen. Doch als er mit seinen Freunden zurückkehrte, hielt das Marmorbild den Finger wieder grade ausgestreckt wie gewöhnlich, und der Ring war verschwunden. Einige Zeit nach jenem Ereignis beschloss der Ritter in den heiligen Ehestand zu treten und er feierte seine Hochzeit. Doch in der Brautnacht, als er eben zu Bette gehen wollte, trat zu ihm ein Weibsbild, welches der oberwähnten Statue ganz ähnlich war an Gestalt und Antlitz, und sie behauptete: dadurch dass er seinen Ring an ihren Finger gesteckt, habe er sich ihr anverlobt und er gehöre ihr als rechtmäßiger Gemahl. Vergebens sträubte sich der Ritter gegen diesen Einspruch; jedes Mal wenn er sich seiner Anvermählten nahen wollte, trat das heidnische Weibsbild zwischen ihm und ihr, so dass er in jener Nacht auf alle Bräutigamsfreuden verzichten musste. Dasselbe geschah in der zweiten Nacht, so wie auch in der dritten, und der Ritter ward sehr trübsinnig gestimmt. Keiner wusste ihm zu helfen und selbst die frömmsten Leute zuckten die Achsel. Endlich aber hörte er von einem Priester Namens Palumnus, der sich gegen heidnischen Satansspuk schon öfter sehr hülfsam erwiesen. Dieser ließ sich lange erbitten, ehe er dem Ritter seinen Beistand versprach; er müsse dadurch, behauptete er, sich selber den größten Gefahren aussetzen. Der Priester Palumnus schrieb alsdann einige sonderbare Charaktere auf ein kleines Stück Pergament und gab dem Ritter folgende Weisung: er solle sich um Mitternacht in der Gegend von Rom an einen gewissen Kreuzweg stellen; dort würden ihm allerlei wunderbare Erscheinungen vorüberziehen; doch möge er sich von allem was er höre und sähe nicht im mindesten verschüchtern lassen, er müsse ruhig verharren; nur wenn er das Weibsbild erblicke, an deren Finger er seinen Ring gesteckt, solle er hinzutreten und ihr das beschriebene Stück Pergament überreichen. Dieser Vorschrift unterzog sich der Ritter; aber nicht ohne Herzklopfen stand er um Mitternacht am bezeichneten Kreuzwege, wo er den seltsamen Zug vorüberziehen sah. Es waren blasse Männer und Frauen, prächtig gekleidet in Festgewanden aus der Heidenzeit; einige trugen goldene Kronen, andere trugen Lorbeerkränze auf den Häuptern, die sie aber kummervoll senkten; auch allerlei silberne Gefäße, Trinkgeschirre und Gerätschaften, die zum alten Tempeldienste gehörten, wurden vorübergetragen, mit ängstlicher Eile; im Gewühle zeigten sich auch große Stiere mit vergoldeten Hörnern und behängt mit Blumengirlanden; endlich, auf einem erhabenen Triumphwagen, strahlend in Purpur, und mit Rosen bekränzt, erschien ein hohes, wunderschönes Götterweib. Zu dieser trat nun der Ritter heran und überreichte ihr das Pergamentblatt des Priesters Palumnus; denn in ihr erkannte er das Marmorbild, das seinen Ring besaß. Als die Schöne die Zeichen erblickte, womit jenes Pergament beschrieben war, hub sie jammernd die Hände gen Himmel, Tränen stürzten aus ihren Augen, und mit verzweiflungsvoller Gebärde rief sie: "grausamer Priester Palumnus! du bist noch immer nicht zufrieden mit dem Leid das du uns zugefügt hast! Doch deinen Verfolgungen wird bald ein Ziel gesetzt, grausamer Priester Palumnus!" Nach diesen Worten reichte sie dem Ritter seinen Ring und dieser fand in der folgenden Nacht kein Hindernis mehr seine Ehe zu vollziehen. Der Priester Palumnus aber starb den dritten Tag nach jenem Ereignis.

Diese Geschichte las ich zuerst in dem *Mons Veneris* von Kornmann[68]. Unlängst fand ich sie auch angeführt in dem absurden Buche über Zauberei von Del-Rio[69], welcher sie aus dem Werke eines Spaniers mitteilt; sie ist wahrscheinlich spanischen Ursprungs. Der Freiherr von Eichendorff, ein neuerer deutscher Schriftsteller, hat sie zu einer schönen Erzählung aufs anmutigste benutzt[70]. Die vorletzte Geschichte hat ebenfalls ein deutscher Schriftsteller, Herr Willibald Alexis, zu einer Novelle bearbeitet, die zu seinen poetisch geistreichsten Produkten gehört[71].

Das oben erwähnte Werk von Kornmann, *Mons Veneris,* oder der Venus Berg, ist die wichtigste Quelle für das ganze Thema welches ich hier behandle. Es ist schon lange her, dass es mir mal zu Augen gekommen, und nur aus früherer Erinnerung kann ich darüber berichten. Aber es schwebt mir noch immer im Gedächtnis, das kleine etwa dritthalbhundert Seiten enthaltende Büchlein, mit seinen lieblichen alten Lettern es mag wohl um die Mitte des 17. Jahrhunderts gedruckt sein. Die Lehre von den Elementargeistern ist darin aufs bündigste abgehandelt, und daran schließt der Verfasser seine wunderbaren Mitteilungen über den Venusberg. Eben nach dem Beispiele Kornmanns, habe auch ich bei Gelegenheit der Elementargeister von der Transformation der altheidnischen Götter sprechen müssen. Diese sind keine Gespenster, denn, wie ich mehrmals angeführt, sie sind nicht tot; sie sind unerschaffene, unsterbliche Wesen, die nach dem Siege Christi sich zurückziehen mussten in die unterirdische Verborgenheit, wo sie mit den übrigen Elementargeistern zusammenhausend, ihre dämonische Wirtschaft treiben. Am eigentümlichsten, romantisch wunderbar, klingt im deutschen Volke die Sage von der Göttin Venus, die, als ihre Tempel gebrochen wurden, sich in einen geheimen Berg flüchtete, wo sie mit dem heitersten Luftgesindel, mit schönen Wald- und Wassernymphen, auch manchen berühmten Helden, die plötzlich aus der Welt verschwunden, das abenteuerlichste Freudenleben führt. Schon von weitem, wenn du dem Berge nahest, hörst du das vergnügte Lachen und die süßen Zitherklänge, die sich wie eine unsichtbare Kette um dein Herz schlingen, und dich hineinziehen in den Berg. Zum Glück, unfern des Eingangs, hält Wache ein alter Ritter, geheißen der getreue Eckhart; er steht gestützt auf seinem großen Schlachtschwert, wie eine Bildsäule, aber sein ehrliches eisgraues Haupt wackelt be ständig und er warnt dich betrübsam vor den zärtlichen Gefahren die deiner im Berge harren. Mancher ließ sich noch bei Zeiten zurückschrecken, mancher hingegen überhörte die meckernde Stimme des alten Warners, und stürzte blindlings in den Abgrund der verdammten Lust. Eine Weile lang gehts gut. Aber der Mensch ist nicht immer aufgelegt zum Lachen, er wird manchmal still und ernst, und denkt zurück in die Vergangenheit; denn die Vergangenheit ist die eigentliche Heimat seiner Seele, und es erfasst ihn ein Heimweh nach den Gefühlen die er einst empfunden hat, und seien es auch Gefühle des Schmerzes. So erging es namentlich dem Tannhäuser, nach dem Berichte eines Liedes, das zu den merk würdigsten Sprachdenkmalen gehört, die sich im Munde des deutschen Volkes erhalten. Ich las das Lied zuerst in dem erwähnten Werke von Kornmann. Diesem hat es Prätorius[72] fast wörtlich entlehnt, aus dem "Blocksberg" von Prätorius haben es die Sammler[73] des "Wunderhorns" abgedruckt, und erst nach einer vielleicht fehlerhaften Abschrift aus letzterem Buche muss ich das Lied hier mitteilen:

Nun will ich aber heben an,
Vom Tannhäuser wollen wir singen,
Und was er Wunders hat getan,
Mit Frau Venussinnen.

Der Tannhäuser war ein Ritter gut
Er wollt' groß Wunder schauen;
Da zog er in Frau Venus Berg,
Zu andern schönen Frauen.

"Herr Tannhäuser, Ihr seid mir lieb,
Daran sollt Ihr gedenken,
Ihr habt mir einen Eid geschworen,
Ihr wollt nicht von mir wanken."

"Frau Venus, ich hab es nicht getan,
Ich will dem widersprechen,
Denn niemand spricht das mehr als Ihr,
Gott helf mir zu den Rechten."

"Herr Tannhäuser, wie saget Ihr mir!
Ihr sollet bei uns bleiben,

Ich geb Euch meiner Gespielen ein,
Zu einem ehlichen Weibe."

"Nehme ich dann ein ander Weib,
Als ich hab' in meinem Sinne,
So muss ich in der Höllenglut,
Da ewiglich verbrennen."

"Du sagst mir viel von der Höllenglut,
Du hast es doch nicht befunden;
Gedenk' an meinen roten Mund,
Der lacht zu allen Stunden."

"Was hilft mir Euer roter Mund,
Er ist mir gar unmehre[74].
Nun gib mir Urlaub, Frau Venus zart,
Durch aller Frauen Ehre."

"Herr Tannhäuser wollt Ihr Urlaub han,
Ich will Euch keinen geben;
Nun bleibet edler Tannhäuser zart,
Und frischet Euer Leben."

"Mein Leben ist schon worden krank,
Ich kann nicht länger bleiben,
Gebt mir Urlaub, Fraue zart,
Von Eurem stolzen Leibe."

"Herr Tannhäuser nicht sprecht also,
Ihr seid nicht wohl bei Sinnen,
Nun lasst uns in die Kammer gehn,
Und spielen der heimlichen Minnen.

"Eure Minne ist mir worden leid;
Ich hab' in meinem Sinne,
O Venus, edle Jungfrau zart,
Ihr seid eine Teufelinne.

"Tannhäuser, ach, wie sprecht Ihr so.
Bestehet Ihr mich zu schelten?
Sollt' Ihr noch länger bei uns sein,
Des Worts müsst Ihr entgelten.

Tannhäuser wollt Ihr Urlaub han,
Nehmt Urlaub von den Greisen,
Und wo Ihr in dem Land umfahren,
Mein Lob das sollt Ihr preisen."

Der Tannhäuser zog wieder aus dem Berg,
In Jammer und in Reuen:
Ich will gen Rom in die fromme Stadt,
All auf den Papst vertrauen.

Nun fahr ich fröhlich auf die Bahn,
Gott muss es immer walten,
Zu einem Papst, der heißt Urban,
Ob er mich wolle behalten.

"Herr Papst, Ihr geistlicher Vater mein,
Ich klag Euch meine Sünde,
Die ich mein Tag begangen hab,
Als ich Euch will verkünden:

Ich bin gewesen ein ganzes Jahr,
Bei Venus einer Frauen,
Nun will ich Beicht und Buß empfahn,
Ob ich möcht Gott anschauen."

Der Papst hat einen Stecken weiß,
Der war von dürrem Zweige:
"Wann dieser Stecken Blätter trägt,
Sind dir deine Sünden verziehen."

"Sollt ich leben nicht mehr denn ein Jahr,
Ein Jahr auf dieser Erden,
So wollt ich Reu' und Buß empfahn,
Und Gottes Gnad' erwerben."

Da zog er wieder aus der Stadt,
In Jammer und in Leiden:
Maria Mutter, reine Magd,
Muss ich mich von dir scheiden,

So zieh' ich wieder in den Berg,
Ewiglich und ohne Ende,

Zu Venus meiner Frauen zart,
Wohin mich Gott will senden.

"Seid willkommen, Tannhäuser gut,
Ich hab' Euch lang entbehret,
Willkommen seid, mein liebster Herr,
Du Held mir treu bekehret."

Darnach wohl auf den dritten Tag,
Der Stecken hub an zu grünen,
Da sandt man Boten in alle Land,
Wohin der Tannhäuser kommen.

Da war er wieder in dem Berg,
Darinnen sollt er nun bleiben,
So lang bis an den jüngsten Tag,
Wo ihn Gott will hinweisen.

Das soll nimmer kein Priester tun,
Dem Menschen Misstrost geben,
Will er denn Buß und Reu empfahn,
Die Sünde sei ihm vergeben.

Ich erinnere mich, als ich zuerst dieses Lied las, in dem erwähnten Buche von Kornmann, überraschte mich zunächst der Kontrast seiner Sprache mit der pedantisch verlateinisierten, unerquicklichen Schreibart des 17ten Jahrhunderts, worin das Buch abgefasst. Es war mir als hätte ich in einem dumpfen Bergschacht plötzlich eine große Goldader entdeckt, und die stolz-einfachen, urkräftigen Worte strahlten mir so blank entgegen, dass mein Herz fast geblendet wurde von dem unerwarteten Glanz. Ich ahnte gleich, aus diesem Liede sprach zu mir eine wohlbekannte Freudenstimme; ich vernahm darin die Töne jener verketzerten Nachtigallen, die, während der Passionszeit des Mittelalters, mit gar schweigsamen Schnäblein sich versteckt halten mussten, und nur zuweilen, wo man sie am wenigsten vermutete, etwa gar hinter einem Klostergitter, einige jauchzende Laute hervorflattern ließen. Kennst du die Briefe von Heloise an Abelard[75]? Nächst dem hohen Liede des großen Königs (ich spreche nicht von König Ludwig, sondern im Gegenteil von König Salomo) kenne ich keinen flammenderen Gesang der Zärtlichkeit als das Zwiegespräch zwischen Frau Venus und dem Tannhäuser. Dieses Lied ist wie eine Schlacht der Liebe und es fließt darin das roteste Herzblut.

Das eigentliche Alter des Tannhäuserlieds wäre schwer zu bestimmen. Es existiert schon in fliegenden Blättern vom ältesten Druck. Ein junger deutscher Dichter, Herr Bechstein[76], welcher sich freundlichst in Deutschland daran erinnerte, dass, als ich ihn in Paris bei meinem Freunde Wolff[77] sah, jene alten fliegenden Blätter das Thema unserer Unterhaltung bildeten, hat mir dieser Tage eins derselben, betitelt "Das Lied von dem Danheuser" zugeschickt. Nur die größere Altertümlichkeit der Sprache hielt mich davon ab, an der Stelle der obigen jüngeren Version, diese ältere mitzuteilen. Die ältere enthält viele Abweichungen und trägt, nach meinem Bedenken, einen weit poetischeren Charakter.

Durch Zufall erhielt ich ebenfalls unlängst eine Bearbeitung desselben Liedes, wo kaum der äußere Rahmen der älteren Versionen beibehalten worden, die inneren Motive jedoch aufs sonderbarste verändert sind. In seiner älteren Gestalt ist das Gedicht unstreitig viel schöner, einfacher und großartiger. Nur eine gewisse Wahrheit des Gefühls hat die erwähnte jüngere Version mit demselben gemein und da ich gewiss das einzige Exemplar besitze, das davon existiert, so will ich auch diese hier mitteilen:

Ihr guten Christen lasst Euch nicht
Von Satans List umgarnen!
Ich sing' Euch das Tannhäuserlied
Um Eure Seelen zu warnen.

Der edle Tannhäuser, ein Ritter gut,
Wollt Lieb und Lust gewinnen,
Da zog er in den Venusberg,
Blieb sieben Jahre drinnen.

"Frau Venus, meine schöne Frau,
Leb wohl, mein holdes Leben!
Ich will nicht länger bleiben bei dir,
Du sollst mir Urlaub geben."

"Tannhäuser, edler Ritter mein,
Hast heut mich nicht geküsset;
Küss' mich geschwind, und sage mir:
Was du bei mir vermisset?

Hab' ich nicht den allersüßesten Wein
Tagtäglich dir kredenzet?
Und hab' ich nicht mit Rosen dir
Tagtäglich das Haupt bekränzet?"

"Frau Venus, meine schöne Frau,
Von süßem Wein und Küssen
Ist meine Seele worden krank;
Ich schmachte nach Bitternissen.

Wir haben zu viel gescherzt und gelacht,
ich sehne mich nach Tränen,
Und statt mit Rosen möcht ich mein Haupt
Mit spitzigen Dornen krönen."

"Tannhäuser, edler Ritter mein,
Du willst dich mit mir zanken;
Du hast geschworen viel tausendmal,
Niemals von mir zu wanken.

Komm lass uns in die Kammer gehn,
Zu spielen der heimlichen Minne;
Mein schöner lilienweißer Leib
Erheitert deine Sinne."

"Frau Venus, meine schöne Frau,
Dein Reitz wird ewig blühen;
Wie viele einst für dich geglüht,
So werden noch viele glühen.

Doch denk' ich der Götter und Helden die einst
Sich zärtlich daran geweidet,
Dein schöner lilienweißer Leib,
Er wird mir schier verleidet.

Dein schöner lilienweißer Leib
Erfüllt mich fast mit Entsetzen,
Gedenk' ich, wie viele werden sich
Noch späterhin dran ergetzen!"

"Tannhäuser, edler Ritter mein,
Das sollst du mir nicht sagen,

Ich wollte lieber du schlügest mich,
Wie du mich oft geschlagen.

Ich wollte lieber du schlügest mich,
Als dass du Beleidigung sprächest,
Und mir, undankbar kalter Christ,
Den Stolz im Herzen brächest.

Weil ich dich geliebet gar zu sehr,
Nun hör' ich solche Worte -
Leb wohl, ich gebe Urlaub dir,
Ich öffne dir selber die Pforte."

Zu Rom, zu Rom, in der heiligen Stadt,
Da singt es und klingelt und läutet;
Da zieht einher die Prozession,
Der Papst in der Mitte schreitet.

Das ist der fromme Papst Urban,
Er trägt die dreifache Krone,
Er trägt ein rotes Purpurgewand,
Die Schleppe tragen Barone.

"O heilger Vater, Papst Urban,
Ich lass dich nicht von der Stelle,
Du hörst zuvor mir Beichte an,
Du rettest mich von der Hölle!"

Das Volk es weicht im Kreise zurück,
Es schweigen die geistlichen Leder:
Wer ist der Pilger bleich und wüst,
Vor dem Papste kniet er nieder?

"O heilger Vater, Papst Urban,
Du kannst ja binden und lösen,
Errette mich von der Höllenqual
Und von der Macht des Bösen.

Ich bin der edle Tannhäuser genannt,
Wollt Lieb und Lust gewinnen,
Da zog ich in den Venusberg,
Blieb sieben Jahre drinnen.

Frau Venus ist eine schöne Frau,
Liebreizend und anmutreiche;
Die Stimme ist wie Blumenduft,
Wie Blumenduft so weiche.

Wie der Schmetterling flattert um eine Blum',
Den zarten Duft zu nippen,
So flatterte meine Seele stets
Um ihre Rosenlippen.

Ihr edles Gesicht umringeln wild
Die blühend schwarzen Locken;
Schau'n dich die großen Augen an,
Wird dir der Atem stocken.

Schau'n dich die großen Augen an,
So bist du wie angekettet;
Ich habe nur mit großer Not
Mich aus dem Berg gerettet.

Ich hab' mich gerettet aus dem Berg,
Doch stets verfolgen die Blicke
Der schönen Frau mich überall,
Sie winken: komm' zurücke!

Ein armes Gespenst bin ich am Tag,
Des Nachts mein Leben erwachet,
Dann träum' ich von meiner schönen Frau,
Sie sitzt bei mir und lachet.

Sie lacht so gesund, so glücklich, so toll,
Und mit so weißen Zähnen!
Wenn ich an dieses Lachen denk',
So weine ich plötzliche Tränen.

Ich liebe sie mit Allgewalt,
Nichts kann die Liebe hemmen!
Das ist wie ein wilder Wasserfall,
Du kannst seine Fluten nicht dämmen;

Er springt von Klippe zu Klippe herab,
Mit lautem Tosen und Schäumen,

Und bräch' er tausendmal den Hals,
Er wird im Laufe nicht säumen.

Wenn ich den ganzen Himmel besäß',
Frau Venus schenkt' ich ihn gerne;
Ich gäb' ihr die Sonne, ich gäb' ihr den Mond;
Ich gäbe ihr sämtliche Sterne.

Ich liebe sie mit Allgewalt,
Mit wildentzügelten Flammen -
Ist das der Hölle Feuer schon,
Und wird mich Gott verdammen?

O, heilger Vater, Papst Urban,
Du kannst ja binden und lösen!
Errette mich von der Höllenqual
Und von der Macht des Bösen."

Der Papst hub jammernd die Händ' empor,
Hub jammernd an zu sprechen:
"Tannhäuser, unglückselger Mann,
Der Zauber ist nicht zu brechen.

Der Teufel, den man Venus nennt,
Er ist der schlimmste von allen,
Erretten kann ich dich nimmermehr
Aus seinen schönen Krallen.

Mit deiner Seele musst du jetzt
Des Fleisches Lust bezahlen,
Du bist verworfen, du bist verdammt
Zu ewigen Höllenqualen."

Der Ritter Tannhäuser er wandelt so rasch,
Die Füßen die wurden ihm wunde.
Er kam zurück in den Venusberg
Wohl um die Mitternachtsstunde.

Frau Venus erwachte aus dem Schlaf,
Ist schnell aus dem Bette gesprungen;
Sie hat mit ihrem weißen Arm
Den geliebten Mann umschlungen.

Aus ihrer Nase rann das Blut,
Den Augen die Tränen entflossen;
Sie hat mit Tränen und Blut das Gesicht
Des geliebten Mannes begossen.

Der Ritter legte sich ins Bett,
Er hat kein Wort gesprochen.
Frau Venus in die Küche ging,
Um ihm eine Suppe zu kochen.

Sie gab ihm Suppe, sie gab ihm Brod,
Sie wusch seine wunden Füße,
Sie kämmte ihm das struppige Haar,
Und lachte dabei so süße.

Tannhäuser, edler Ritter mein,
Bist lange ausgeblieben;
Sag an, in welchen Landen du dich
So lange herumgetrieben?

"Frau Venus, meine schöne Frau,
Ich hab in Welschland verweilet;
Ich hatte Geschäfte in Rom, und bin
Schnell wieder hierher geeilet.

Auf sieben Hügeln ist Rom gebaut,
Der Tiber tut dorten fließen;
Auch hab' ich in Rom den Papst gesehn,
Der Papst er lässt dich grüßen.

Auf meinem Rückweg sah ich Florenz,
Bin auch durch Mailand gekommen,
Und bin alsdann mit raschem Mut
Die Alpen hinaufgeklommen.

Und als ich auf dem Sankt-Gotthardt stand,
Da hört ich Deutschland schnarchen,
Es schlief da unten in sanfter Hut
Von sechs und dreißig Monarchen[78].

In Schwaben besah ich die Dichterschul',
Doch tut's der Mühe nicht lohnen;

Hast du den größten von ihnen besucht,
Gern wirst du die kleinen verschonen[79].

Zu Frankfurt kam ich am Schabbes an,
Und aß dort Schalet und Klöße[80]*;*
Ihr habt die beste Religion,
Auch lieb' ich das Gänsegekröse.

In Dresden sah ich einen Hund,
Der einst sehr scharf gebissen,
Doch fallen ihm jetzt die Zähne aus,
Er kann nur bellen und pissen[81]*.*

Zu Weimar, dem Musenwitwensitz,
Da hört' ich viel Klagen erheben,
Man weinte und jammerte: Goethe sei tot
Und Eckermann sei noch am Leben[82]*!*

Zu Potsdam vernahm ich ein lautes Geschrei
Was gibt es? rief ich verwundert.
"Das ist der Gans[83] *in Berlin, der liest*
Dort über das letzte Jahrhundert."

Zu Göttingen blüht die Wissenschaft,
Doch bringt sie keine Früchte.
Ich kam dort durch in stockfinstrer Nacht,
Sah nirgendswo ein Lichte.

Zu Celle im Zuchthaus sah ich nur

Hannoveraner - O Deutsche!
Uns fehlt ein Nationalzuchthaus
Und eine gemeinsame Peitsche!

Zu Hamburg frug ich: warum so sehr
Die Straßen stinken täten?
Doch Juden und Christen versicherten mir
Das käme von den Fleeten.

Zu Hamburg, in der guten Stadt,
Wohnt mancher schlechte Geselle;
Und als ich auf die Börse kam,
Ich glaubte ich wär' noch in Celle.

Zu Hamburg, in der guten Stadt,
Soll keiner mich wieder schauen!
Ich bleibe jetzt im Venusberg,
Bei meiner schönen Frauen."

Anmerkungen

1. Die sächsische Sigiburg wurde 775 von Karl dem Großen erobert. 776 wurde die Burg erfolglos von den Sachsen belagert.
2. Ellerbruch: Ortschaft bei Lüneburg, heute Ortsteil von Wingst.
3. Bellmannskamp: Flurname bei Lüneburg.
4. Gebrüder Grimm: Deutsche Sagen, Band 2, 1818, Nr. 448. b. Seite 380, Wittekinds Flucht [1]
5. Die Académie Française wurde 1635 von Kardinal Richelieu gegründet.
6. Metallarius (lat.): Bergmann
7. Nicetas Acominatus Choniates (um 1150 - 1212), byzantinischer Staatsmann, Theologe und Historiker.
8. vgl. Friedrich Wilkens: Geschichte der Kreuzzüge. Bd. 5. Leipzig 1829.
9. Bodetal: Das Tal der am Brocken entspringenden Bode zwischen Treseburg und Thale, heute ein Naturschutzgebiet.
10. Locmariaquer in der Bretagne.
11. Vorlage: Torriganen. Korriganen sind Feen oder zwergenhafte Spukgestalten der bretonischen Mythologie.
12. Johann Rudolf Wyss: Idyllen, Volkssagen, Legenden und Erzählungen aus der Schweiz. Bern 1815-22. 2 Bände.
13. Flühen: Felsen
14. Landarbeiter, der Gras oder Getreide mäht.
15. zeitig: reif
16. Johann Karl Christoph Nachtigal (1753-1819) veröffentlichte unter dem Pseudonym Otmar Volcks-Sagen (Friedrich Wilmans, Bremen 1800).
17. Don Isaak Abrabanel (1437-1508), Finanzberater und Steuereintreiber der spanischen Krone. Nach dem Ende der Reconquista wurden alle Juden, die sich weigerten Christen zu werden, aus Spanien ausgewiesen. Abrabanel ging mit seiner Familie nach Neapel, nachdem er vergeblich versucht hatte, das Ausweisungs-Edikt zu verhindern.
18. Christoph Martin Wielands Verserzählung Oberon (Weimar 1780; gekürzte Fassung: Leipzig 1784)

19. Lai (entsprechend dem deutschen Leich): altfranzösische Ver-
serzählung

20. Lanval ist einer der Lais von Marie de France. Die anglonor-
mannische Dichtung des 12. Jahrhunderts wurde vielfach
adaptiert. Heines Quelle war möglicherweise Friedrich Ludwig
von Dobeneck: Des deutschen Mittelalters Volksglauben und
Heroensagen (hrsgg. von Jean Paul; Berlin 1815).

21. Das Lai de Gruélan ist zusammen mit dem Lai de Lanval in der
von Pierre Jean-Baptiste Legrand d'Aussy (1737-1800) her-
ausgegebenen Sammlung Fabliaux ou contes du XIIe et du XII-
le siècle (Paris 1781) enthalten.

22. Ogier der Däne: Der dänische Sagenheld Holger Danske aus
dem Epenzyklus der Chanson de geste um Charlemagne (Karl
den Großen) ist ähnlich wie Charlemagne ein sagenhafter
Bergkönig, der in Schloss Kronborg auf Seeland schläft, aber
einst erwachen wird, wenn Dänemark in großer Gefahr
schwebt.

23. In einigen Versionen der Sage von Ogier dem Dänen bringt
ihn die Fee Morgana nach Avalon.

24. Ginnistan: Dschinnistan, das Land der Dschinn (arab. "Geis-
ter", "Dämonen"). Dschinnistan oder auserlesene Feen- und
Geistermährchen ist der Titel einer von Christoph Martin
Wieland 1786 bis 1789 herausgegebenen Sammlung von
Feenmärchen. An das Wielandsche Dschinnistan ist hier wohl
eher zu denken als an das arabische Dämonenland.

25. Edmund Spensers The Faerie Queene ("Die Feenkönigin") er-
schien 1590 bis 1596. Sein Einfluß auf die englische Literatur
(insbesondere Shakespeare) ist immens.

26. Heines Quelle ist Altdänische Heldenlieder, Balladen und
Märchen (deutsch von Wilhelm Grimm; Mohr und Zimmer,
Heidelberg 1811).

27. Diese Version des Gedichts wurde von Johann Gottfried Her-
der ins Deutsche übertragen (Erlkönigs Tochter in: Volkslie-
der. Weygand, Leipzig 1778/79. Zweiter Theil. Zweites Buch.
Nr. 27). Herder übersetzte das dänische Ellerkonge (Elfenkö-
nig) fälschlich als Erlkönig. Das Herdersche Gedicht wurde
Quelle von Goethes Ballade Erlkönig (1782).

28. Heine erwähnt die Sage von den Willis mehrfach, nämlich au-
ßer hier noch in Der Doktor Faust, Florentinische Nächte und
Lutetia. Als Heines Quelle wird vermutet entweder Therese

von Artner: Der Willis-Tanz. Eine slawische Volkssage. in: von Hormayr/ von Mednyansky (Hrsg.): Taschenbuch für vaterländische Geschichte. Jg. 3 (N.S.). Wien 1822. S. 240 ff. oder Johann Mailáth: Magyarische Sagen und Mährchen. Trassler, Brünn 1825.

29. Die Braut von Corinth

30. In: Madame de Staël: De l'Allemagne. („Über Deutschland") Teil 2. Kap. 13-16f.

31. Claudius Aelianus: Varia Historia XII.17 und XIII.9 berichtet über eine Hetäre namens Lamia, der Geliebten des makedonischen Königs Demetrios I. Poliorketes.

32. Flavius Philostratos: Das Leben des Apollonius von Tyana IV. Buch § 24 erzählt die Geschichte des Studenten Menippus, der zum Bräutigam einer Lamia wird und von Apollonius gerettet wird.

33. Das Gedicht Ritter Peter von Stauffenberg und die Meerfeye erschien in Band 1 von: Achim von Arnim / Clemens Brentano (Hrsg.): Des Knaben Wunderhorn (Mohr und Zimmer, Heidelberg 1806).

34. Marsk Stig: Der in der dänischen Tradition als Marsk Stig bekannte Stig Andersen Hvide († 1293), Marsk (Marschall) des dänischen Königs Erik V. Klipping, galt als führender Kopf bei der Ermordung von Erik V. 1286. Die Quelle der Sage ist wiederum Altdänische Heldenlieder. a.a.O. S. 382 ff.

35. Altdänische Heldenlieder, Balladen und Märchen a.a.O. S. 201ff.

36. Grimm: Deutsche Sagen. a. a. O. Nr. 307. Die drei Jungfern aus dem See

37. Das Ertränken in nicht dem Fischfang dienenden Gewässern war eine der Hinrichtungsmethoden der 1539 begründeten venezianischen Staatsinquisition (Helmut Dumler: Venedig und die Dogen. Artemis und Winkler 2001. S. 29f.)

38. Venedig war 1797 von Napoleon besetzt worden und im Frieden von Campo Formio an Österreich gefallen. Dies markierte das Ende der Republik Venedig. Der heute wie zu Heines Zeit hauptsächlich mit Habsburg und Österreich-Ungarn assoziierte Doppeladler war seit 1402 Teil des Reichswappens, also des Symbols des Territoriums des Heiligen Römischen Reiches Deutscher Nation und nach dessen Ende 1804 Teil des Wappens des Kaisertums Österreich.

39. Nom de guerre: Kampfname, Pseudonym eines politischen oder militärischen Führers

40. Grimm: Deutsche Sagen. a. a. O. Nr. 541. Das Schwanschiff am Rhein mit Anklängen an die Lohengrin-Sage, wie sie in Wolfram von Eschenbachs mittelhochdeutschem Versepos Parzival erscheint (Buch XVI. 824 ff. [2]).

41. Nekromant: Totenbeschwörer

42. Zémire et Azor - Comédie-Ballet en quatre actes von André-Ernest-Modeste Grétry (Libretto von Jean-François Marmontel; Uraufführung am 9. November 1771 im Théâtre Royal, Schloss Fontainebleau); Zemire und Azor Oper von Louis Spohr (Uraufführung 1819 in Frankfurt)

43. Johannes Praetorius (1630-1680), zur Unterscheidung von Trägern gleichen Namens „Praetorius Zetlingensis" genannt, unermüdlicher Kompilator kurioser Geschichten, ist heute noch bekannt als erster Sammler von Rübezahl-Sagen.

44. maulhängkolischen und affenteuerlichen: Wortbildungen des Barockdichters Johann Fischart (1546-1591).

45. Gazette de France: Erste politische Wochenzeitung. 1631 von Théophraste Renaudot gegründet, erschien bis 1915. In Französische Zustände charakterisiert Heine die Gazette als tückisches, reaktionär-klerikales Meinungsblatt.

46. In der Handschrift folgt: „An den vorhandenen habe ich schon genug." Vgl. [3]

47. Johann Karl August Musäus (1735-1787): Volksmärchen der Deutschen (5 Bände, Gotha 1782 bis 1786). Die sehr erfolgreiche Sammlung erschien in zahlreichen Auflagen.

48. Grundlage für Heines Neugestaltung ist eine Fassung aus den Altdänischen Heldenliedern von Grimm (a. a. O.).

49. Lukas Kap. 4, Vers 5 und 9. Genau genommen ist hier von einem „durch die Luft tragen" nicht die Rede, es heißt lediglich, der Satan habe Jesus hoch hinauf geführt, bzw. auf die Zinne des Tempels gestellt.

50. Walküren sind Disir, Göttinnen der altnordischen Sage. Im Gefolge Odins wählen (küren) sie auf dem Schlachtfeld (Walstatt) unter den gefallenen Kriegern die würdigsten aus und führen sie nach Walhall.

51. Nornen und Parzen waren Triaden von Schicksalsgöttinen. Den drei Nornen Urd („das Gewordene"), Verdandi („das Werdende") und Skuld („das Werdensollende") der germani-

schen Mythologie entsprechen die drei Parzen der römischen und die drei Moiren Klotho (die „Spinnerin", die den Lebensfaden spinnt), Lachesis (die „Zuteilerin", die dessen Länge bemisst) und Atropos (die „Unabwendbare", die ihn schließlich durchtrennt) der griechischen Mythologie.

52. Alois Wilhelm Schreiber: Auswahl der interessantesten Sagen aus den Gegenden des Rheins und des Schwarzwalds. (Engelmann, Heidelberg 1819) ist eine Auswahl aus Schreibers Handbuch für Reisende am Rhein von seinen Quellen bis Holland, in die schönsten anliegenden Gegenden und an die dortigen Heilquellen. (Engelmann, Heidelberg 1816. 4. Aufl. 1831). Dessen Abschnitt Volkssagen aus den Gegenden von Rhein und Taunus. enthält unter Nr. 8 Das Wispertal. Die Fassung bei Schreiber unterscheidet sich stark von Heines Fassung.

53. Tal der Wisper, in dem vor allem in den Morgenstunden der Wisperwind auftritt.

54. Capitularien: Königliche (Rechts-)Verordnungen, insbesondere in der Zeit der Karolinger.

55. Georg Gödelmannus: Von Zäuberern, Hexen und Unholden. Frankfurt a. M. 1606. S. 7 u. 23f.

56. Gen. 3,14.

57. Gerbert von Aurillac, als Papst Silvester II. (ca. 950 - 1003) wurde schon zu Lebzeiten wegen seiner Kenntnisse und wissenschaftlichen Leistungen bewundert. Später fand man solche Gelehrsamkeit verdächtig, und im 12. Jahrhundert begannen sich um Gerbert Sagen zu ranken, in denen er mit dem Teufel im Bunde war. Diese Sagen wurden populär insbesondere durch die Chronik des Dominikaners Martin von Troppau.

58. Stipulation: Ausbedungenes; Vertragsbedingung

59. vindizieren: (rechtlichen) Anspruch erheben; in Anspruch nehmen

60. Georg Conrad Horst (1767-1832): Dämonomagie oder Geschichte des Glaubens an Zauberei. Frankfurt 1818. Bd. 2. S. 92f.

61. Christian Dietrich Grabbe: Scherz, Satire, Ironie und tiefere Bedeutung. in: Dramatische Dichtungen. Kettembeil, Frankfurt 1827. Uraufführung am 7. Dezember 1876 in Wien.

62. Heinrich Kitzler: nicht nachgewiesen, möglicherweise eine
    von Heine erfundene Figur.

63. Acta Sanctorum: Heiligenlegenden

64. Landesvater: Das als Landesvater bekannte Studentenlied
    wurde von August Niemann unter Verwendung älterer Vor-
    bilder im Jahre 1781 gedichtet. Es wurde stets in Verbindung
    mit dem gleichnamigen Studentenbrauch gesungen.

65. Johanna Luise Planck geb. Schickhard († 1833), Frau des Göt-
    tinger Theologen Gottlieb Jakob Planck (1751-1833).

66. C. C. Dohrs, Universitätspedell in Göttingen, der auch in Die
    Harzreise erwähnt wird. Siehe P. R. Kolbe: Heine's Schafer
    und Doris. Modern Language Notes, Vol. 32, No. 3 (März,
    1917), S. 185–186.

67. die Zehrung berichten: die Rechnung bezahlen

68. Girandole: Armleuchter.

69. Heinrich Kornmann: Mons Veneris, Fraw Veneris Berg: Das
    ist, Wunderbare vnd eigentliche Beschreibung der alten
    Haydnischen vnd Newen Scribenten Meynung von der Göttin
    Venere, ihrem Vrsprung, Verehrung, vnd Königlicher Woh-
    nung, vnd deren Gesellschaft, wie auch von den Wasser, Erd,
    Lufft vnd Fewer, Menschen, sampt vielen anderen wunderba-
    ren Geschichten; In vnd auff den Bergen vnd Hölen hin vnd
    wider in der Welt, so am folgenden Blat zu ersehen, ganz lus-
    tig vnd mit Verwunderung zulesen, / newlich zusammen ge-
    tragen, vnd allen der Natur Heymligkeiten Erforschern vnd
    Liebhabern zu gutem an Tag geben durch Henricum Korn-
    mannum. Fischer, Frankfurt a. M. 1614. S. 77 ff.

70. Martín Antonio Delrío: Disquisitionum magicarum libri sex,
    Ioannes Pillehotte, Lugdvni (Lyon) 1608.

71. Joseph von Eichendorff: Das Marmorbild, in: de la Motte
    Fouqué: Frauentaschenbuch für das Jahre 1819. Nürnberg
    1818.

72. Willibald Alexis: Venus in Rom, in: Gesammelte Novellen. 4
    Bde. Duncker u. Humblot, Berlin 1830/31.

73. Johannes Praetorius: Blockes-Berges, Leipzig 1669. S. 19-25

74. Achim von Arnim und Clemens Brentano

75. unmär: zuwider, verhasst

76. Der Briefwechsel aus der Liebesbeziehung des französischen
    Theologen Peter Abelard (1079–1142) zu der etwa 15 Jahre
    jüngeren Héloïse (ca. 1095–1164) ist heute wie zu Heines Zeit

wesentlich bekannter als sämtliche sonstigen Werke Abälards. 1836 erschien in Paris Ouvrages inédits d'Abélard,
77. Ludwig Bechstein (1801-1860): Schriftsteller, Bibliothekar und Archivar, Autor von Märchen (1845) und Sagen (1853).
78. Oskar Ludwig Bernhard Wolff (1799-1851), Schriftsteller, Improvisator und Professor in Jena
79. sechsunddreißig Monarchen: Bezieht sich auf die Zahl der Mitglieder des Deutschen Bundes. Im fraglichen Zeitraum (1834-37) hatte der Deutsche Bund 38 Mitglieder.
80. Heine bezieht sich auf eine Gruppe von Dichtern um Justinus Kerner und Ludwig Uhland. Dass diese Gruppe als Schwäbische Dichterschule bekannt wurde, verdankt sie vor allem den Angriffen Heines, insbesondere in dessen Essay Der Schwabenspiegel.
81. Schalet (oder Scholet) mit Klößen sind ein typisches Schabbesgericht. In dritten Buch des Romanzero (Prinzessin Sabbath) sang Heine das Lob des Schalet: Schalet, schöner Götterfunken,/ Tochter aus Elysium!/ Also klänge Schillers Hochlied,/ Hätt er Schalet je gekostet.
82. Hund: Gemeint ist Ludwig Tieck, der von 1819 bis 1841 in Dresden lebte.
83. Goethe starb 1832. 1836 erschienen die Gespräche mit Goethe in den letzten Jahren seines Lebens von Johann Peter Eckermann (1792-1854). Heine verspottet Eckermann in der Reise von München nach Genua als Goethes Papagei.
84. Eduard Gans (1797-1839) deutscher Jurist, Rechtsphilosoph und Historiker

Elementargeister (1835)

(Übersetzte undüberarbeitete französischen Ausgabe von 1835)

Ich habe mein Möglichstes getan, die mittelalterliche Tendenz unsrer Romantiker nicht einzig und allein aus tadelnswerten Quellen herzuleiten; ich habe ihren besten Rechtfertigungsgrund im dritten Buch der Beiträge »zur Geschichte der Religion und Philosophie in Deutschland« angeführt, wo ich bemerkte, dass die Manie für das Mittelalter am Ende vielleicht nur eine geheime Vorliebe für den altgermanischen Pantheismus war, da die Überreste dieser alten Religion in dem Volksglauben jener späteren Epoche fortlebten. Ich habe schon früher davon gesprochen, wie diese Überreste sich, freilich in entstellter und verstümmelter Form, in dem Zauber- und Hexenwesen erhielten. Ja, sie leben in dem Gedächtnis des Volkes, in seinen Gebräuchen, in seiner Sprache fort ... Auf jedes Brot, das der deutsche Bäcker backt, druckt er den alten Druidenfuß, und unser tägliches Brot trägt noch das Zeichen der germanischen Religion. Welch einen bedeutsamen Kontrast bildet dies wirkliche Brot zu dem trockenen, saftlosen Scheinbrote, mit dem der spiritualistische Kultus[1] uns abspeist!

Nein, die Erinnerungen an den altgermanischen Glauben sind noch nicht erloschen. Wie man behauptet, gibt es greise Menschen in Westfalen, die noch immer wissen, wo die alten Götterbilder verborgen liegen; auf ihrem Sterbebette sagen sie es dem jüngsten Enkel, und Der trägt dann das teure Geheimnis in dem verschwiegenen Sachsenherzen. In Westfalen, dem ehemaligen Sachsen, ist nicht Alles tot, was begraben ist. Wenn man dort durch die alten Eichenhaine wandelt, hört man noch die Stimmen der Vorzeit, da hört man noch den Nachhall jener tiefsinnigen Zaubersprüche, worin mehr Lebensfülle quillt, als in der ganzen Literatur der Mark Brandenburg. Eine geheimnisvolle Ehrfurcht durchschauerte meine Seele, als ich einst, diese Waldungen durchwandernd, bei der uralten Siegburg vorbeikam. »Hier,« sagte mein Wegweiser, »hier wohnte einst König Wittekind,« und er seufzte tief. Es war ein schlichter Holzhauer, und er trug ein großes Beil.

Ich bin überzeugt, dieser Mann, wenn es drauf ankömmt, schlägt sich noch heute für König Wittekind; und wehe dem Schädel, worauf sein Beil fällt!

Das war ein schwarzer Tag für Sachsenland, als Wittekind, sein tapferer Herzog, von Kaiser Karl geschlagen wurde bei Engter. Als er flüchtend gen Ellerbruch zog, und nun Alles mit Weib und Kind an die Furt kam und sich drängte, mochte eine alte Frau nicht weiter gehen. Weil sie aber dem Feinde nicht lebendig in die Hände fallen sollte, so wurde sie von den Sachsen lebendig in einen Sandhügel bei Bellmanns-Kamp begraben; dabei sprachen sie: »Krup under, krup under, de Welt is di gram, du kannst dem Gerappel nich mer folgen.«

Man sagt, dass die alte Frau noch lebt. Nicht Alles ist tot in Westfalen, was begraben ist. [2]

Die Gebrüder Grimm erzählen diese Geschichte in ihren deutschen Sagen; die gewissenhaften, fleißigen Nachforschungen dieser wackeren Gelehrten werde ich in den folgenden Blättern zuweilen benutzen. Unschätzbar ist das Verdienst dieser Männer um germanische Altertumskunde. Der einzige Jakob Grimm hat für Sprachwissenschaft mehr geleistet, [3] als eure ganze französische Akademie seit Richelieu. [4] Seine deutsche Grammatik ist ein kolossales Werk, ein gotischer Dom, worin alle germanischen Völker ihre Stimmen erheben, wie Riesenchöre, jedes in seinem Dialekte. Jakob Grimm hat vielleicht dem Teufel seine Seele verschrieben, damit er ihm die Materialien lieferte und ihm als Handlanger diente bei diesem ungeheuren Sprachbauwerk. In der Tat, um diese Quadern von Gelehrsamkeit herbeizuschleppen, um aus diesen hunderttausend Zitaten einen Mörtel zu stampfen, dazu gehört mehr als ein Menschenleben und mehr als Menschengeduld.

Eine Hauptquelle für Erforschung des altgermanischen Volksglaubens ist Paracelsus. Ich habe seiner schon mehrmals erwähnt. Seine Werke sind ins Lateinische übersetzt, nicht schlecht, aber lückenhaft. In der deutschen Urschrift ist er schwer zu lesen; abstruser Stil, aber hie und da treten die großen Gedanken hervor mit großem Wort. Er ist ein Naturphilosoph in der heutigsten Bedeutung des Ausdrucks. Man muss seine Terminologie nicht immer in ihrem traditionellen Sinne verstehen. In seiner Lehre von den Elementargeistern gebraucht er die Namen Nymphen, Undinen, Silvanen, Salamander, aber nur deshalb, weil diese Namen dem Publikum schon geläufig sind, nicht weil sie ganz Dasjenige bezeichnen, wovon er reden will. Anstatt neue Worte willkürlich zu schaffen, hat er es vorgezogen, für seine Ideen alte Ausdrücke zu suchen, die bisher etwas Ähnliches bezeichneten. Daher ist er vielfach missverstanden worden, und Manche haben ihn der Spötterei, Manche sogar des Unglaubens bezichtigt. Die Einen meinten, er beabsichtige ein Kindermärchen aus Scherz in ein System zu bringen, die Anderen tadelten, dass er, abweichend von der christlichen Ansicht, jene Elementargeister nicht für lauter Teufel erklären wollte. Wir haben keine Gründe, anzunehmen, sagt er irgendwo, dass diese Wesen dem Teufel gehören; und was der Teufel selbst ist, Das wissen wir auch noch nicht. Er behauptet, die Elementargeister wären, ebenso gut wie wir, wirkliche Geschöpfe Gottes, die aber nicht wie Unseresgleichen aus Adam's Geschlechte seien, und denen Gott zum Wohnsitz die vier Elemente angewiesen habe. Ihre Leibesorganisation sei diesen Elementen gemäß. Nach den vier Elementen ordnet nun Paracelsus die verschiedenen Geister, und hier gibt er uns ein bestimmtes System.

Den Volksglauben selbst in ein System bringen, wie Manche beabsichtigen, ist aber ebenso untunlich, als wollte man die vorüberziehenden Wolken in Rahmen fassen. Höchstens kann man unter bestimmten Rubriken das Ähnliche zusammentragen. Dieses wollen wir auch in Betreff der Elementargeister versuchen.

Von den Kobolden haben wir bereits gesprochen. [5] Sie sind Gespenster, ein Gemisch von verstorbenen Menschen und Teufeln; man muss sie von den eigentlichen Erdgeistern genau unterscheiden. Diese wohnen meistens in den Bergen und man nennt sie Wichtelmänner, Gnomen, Metallarii, kleines Volk, Zwerge. Die Sage von diesen Zwergen ist analog mit der Sage von den Riesen, und sie deutet auf die Anwesenheit zweier verschiedener Stämme, die einst mehr oder minder friedlich das Land bewohnt, aber seitdem verschollen sind. Die Riesen sind auf immer verschwunden aus Deutschland. Die Zwerge aber trifft man mitunter noch in den Bergschachten, wo sie, gekleidet wie kleine Bergleute, die kostbaren Metalle und Edelsteine ausgraben. Von jeher haben die Zwerge immer vollauf Gold, Silber und Diamanten besessen; denn sie konnten überall unsichtbar herumkriechen, und kein Loch war ihnen zu klein, um durchzuschlüpfen, führte es nur endlich zu den Stollen des Reichtums. Die Riesen aber blieben immer arm, und wenn man ihnen Etwas geborgt hatte, würden sie Riesenschulden hinterlassen haben. Auch wollten sich die Riesen niemals zum Christentume bekehren. Ich schließe Dies aus einer alten dänischen Ballade, wo sich die Riesen zuletzt versammeln und eine Hochzeit feiern. Die Braut verschlingt allein zum Frühstück vier Tonnen Brei, sechzehn Ochsenleiber und achtzehn Schweineseiten, und trinkt außerdem sieben Tonnen Bier. Freilich bemerkt der Bräutigam: »Ich sah noch nie eine junge Braut, die so guten Appetit gehabt hätte.« Unter den Gästen befand sich der kleine Mimmering, dessen Kleinheit einen Gegensatz zu der Gestalt dieser Riesen bildete. Und das Lied endigt mit den Worten: »Klein Mimmering war unter diesem heidnischen Volke das einzige Christenkind.«

Über die Hochzeiten des kleinen Volkes, wie man in Deutschland zuweilen die Zwerge nennt, hat man noch die anmutigsten Traditionen, z. B. die folgende:

Das kleine Volk wollte einstmals im Schlosse Eilenburg in Sachsen eine Hochzeit feiern. Während der Nacht schlüpften sie durchs Schlüsselloch und durch die Fensterritzen in den Saal, und sprangen Alle auf der gebohnten Diele, wie Erbsen auf einer Scheunentenne, umher. Dadurch erwachte der alte Graf, welcher unter dem Himmel seines großen Bettes in jenem Saale schlief, und er war sehr verwundert beim Anblick dieser Menge von winzigen Leuten. Dann schritt Einer von ihnen, reich wie ein Herold gekleidet, auf ihn zu und lud ihn höflich und in geziemenden Ausdrücken ein, an dem Feste teilzunehmen. »Aber,« fügte er hinzu, »wir bitten dich um Eins: Nur du allein darfst hier zugegen sein; Keiner deines Hauses darf sich erlauben, das Fest gleichzeitig mit dir anzusehn, wäre es auch nur mit einem einzigen Blicke.« Der alte Graf antwortete freundlich: »Da ihr mich in meinem Schlafe gestört habt, will ich euch gern Gesellschaft leisten.« Hierauf führte man ihm eine kleine Frau zu; kleine Fackelträger stellten sich auf, und eine leise, geheimnisvolle Musik begann. Der Graf hatte viel Mühe, beim Tanz nicht die kleine Frau zu verlieren, welche ihm so leicht bei ihren Sprüngen entschlüpfte und zuletzt so mit ihm herum wirbelte, dass er kaum Atem zu holen vermochte. Plötzlich hielt Alles im Augenblick der lebhaftesten Tanzfreude inne; die Musik verstummte, und die ganze Schar rannte zu den Türritzen, Mauselöchern und überall hin, wo sich ein kleiner Ausgang fand. Aber die Vermählten, die Herolde und die Tänzer richteten ihre Augen zu einer Öffnung in der Saaldecke empor und erblickten dort das Gesicht der alten Gräfin, welche verstohlen die lustige Gesellschaft betrachtete. Dann verbeugten sie sich vor dem Grafen, und Der, welcher ihn eingeladen, näherte sich ihm abermals und dankte ihm für seine Gastfreundschaft. »Aber,« setzte er hinzu, »da unsere Festfreude und unsere Hochzeit gestört worden sind, weil noch ein anderes menschliches Auge sie angesehn hat, sollen von deinem Geschlecht künftig nie mehr als sieben gleichzeitig am Leben sein.« Darauf entflohen sie eiligst; Alles war wieder in Schweigen gehüllt, und der alte Graf befand sich allein in dem dunklen Saale. Der Fluch ist bis heut in Erfüllung gegangen, und immer starb einer der sechs Ritter von Eilenburg, welche bis dahin gelebt hatten, sobald der Siebente geboren ward.

Von der Kunstfertigkeit der Zwerge ist in den alten Liedern viel rühmlich die Rede. Sie schmiedeten die besten Schwerter, aber nur die Riesen wussten mit diesen Schwertern dreinzuschlagen. Waren diese Riesen wirklich von so hoher Statur? Die Furcht hat vielleicht ihrem Maße manche Elle hinzugefügt. Dergleichen hat sich schon oft ereignet. Nicetas, ein Byzantiner, der die Einnahme von Konstantinopel durch die Kreuzfahrer berichtet, gesteht ganz ernsthaft, dass einer dieser eisernen Ritter des Nordens, der Alles vor sich her zu Paaren trieb, ihnen in diesem schrecklichen Augenblick fünfzig Fuß groß zu sein schien. [6]

Die Wohnungen der Zwerge waren, wie schon erwähnt, die Berge. Die kleinen Öffnungen, die man in den Felsen findet, nennt das Volk noch heut zu Tag Zwerglöcher. Im Harz, namentlich im Bodentale, habe ich dergleichen viele gesehen. Manche Tropfsteinbildungen, die man in den Gebirgshöhlen trifft, so wie auch manche bizarre Felsenspitzen nennt das Volk die Zwergenhochzeit. [7] Es sind Zwerge, die ein böser Zauberer in Steine verwandelt, als sie eben von einer Trauung aus ihrem kleinen Kirchlein nach Hause trippelten, oder auch beim Hochzeitmahl sich gütlich taten. Die Sagen von solchen Versteinerungen sind im Norden ebenso heimisch wie im Morgenlande, wo der bornierte Moslem die Statuen und Karyatiden, die er in den Ruinen alter Griechentempel findet, für lauter versteinerte Menschen hält. Wie im Harze, so auch in der Bretagne sah ich allerlei wundersam gruppierte Steine, die von den Bauern Zwergenhochzeiten genannt wurden;

die Steine bei Loc Maria Ker find die Häuser der Torriganen, der Kurilen, wie man dort das kleine Volk benamset.

Ich kann bei dieser Gelegenheit noch eine solche Hochzeitgeschichte erzählen.

Es gibt in Böhmen, nicht weit von Elnbogen, in einem wilden aber schönen Tale, durch welches die Eger sich in vielfachen Windungen bis nach Karlsbad schlängelt, eine berühmte Zwergengrotte. Die Bewohner der umliegenden Städte und Dörfer erzählen sich Folgendes. Diese Felsen wurden in alter Zeit von kleinen Berggeistern bewohnt, welche dort ein ruhiges Dasein verbrachten. Sie taten Niemanden Etwas zu Leide, und halfen im Gegenteil ihren Nachbarn vorkommenden Falles aus Not und Verlegenheit. Sie wurden lange Zeit von einem mächtigen Zauberer beherrscht; allein eines Tages, als sie eine Hochzeit feiern wollten und sich zu dem Ende in ihre kleine Kirche begaben, geriet er in heftigen Zorn und verwandelte sie in Steine, oder schloss sie vielmehr, da sie unvernichtbare Geister waren, in solche ein. Diese Felsenmasse heißt noch heut zu Tage »die verzauberte Zwergenhochzeit,« und man sieht die kleinen Gestalten in allen möglichen Posituren auf den Bergspitzen. Man zeigt in der Mitte eines Felsens das Bild eines Zwerges, der, als die Anderen der Verzauberung entschlüpfen wollten, zu lange in seiner Wohnung blieb, und in dem Momente versteinert ward, wo er aus dem Fenster sah, um nach Beistand zu spähen.

Die Zwerge tragen kleine Mützchen, wodurch sie sich unsichtbar machen können; man nennt sie Tarnkappen oder auch Nebelkäppchen. Ein Bauer hatte einst beim Dreschen mit dem Dreschflegel die Tarnkappe eines Zwerges herabgeschlagen; Dieser wurde sichtbar und schlüpfte schnell in eine Erdspalte. Man kann übrigens durch Beschwörungen die Zwerge sichtbar machen.

Zu Nürnberg lebte ein Mann, Namens Paul Kreutz, der eine wunderbare Beschwörung anwandte. Er stellte an eine gewisse flache Stelle einen kleinen ganz neuen Tisch, mit einem weißen Tuche bedeckt, darauf zwei Schüsselchen Milch, ferner zwei Schüsselchen Honig, zwei Tellerchen und neun Messerchen. Hierauf nahm er ein schwarzes Huhn und schnitt demselben über einer Küchenpfanne den Hals ab, so dass das Blut in die Speise tröpfelte. Dann warf er ein Stück gen Sonnenaufgang und das andere gen Sonnenuntergang, und begann seine Beschwörung. Darnach stellte er sich schleunigst hinter einen großen Baum, und sah, dass zwei Zwerglein aus der Erde hervorgekommen, sich zu Tische gesetzt und auf der kostbaren Räucherpfanne gegessen, die er gleichfalls dort hingestellt. Nun richtete er Fragen an sie, die sie beantworteten, und als er Dies oft wiederholt hatte, wurden sie so vertraut mit ihm, dass sie wie seine Gäste in sein Haus kamen. Wenn er nicht die gehörigen Anstalten getroffen, erschienen sie gar nicht oder entflohen fast auf der Stelle. Er ließ endlich auch ihren König erscheinen, der allein in einem Scharlachmäntelchen ankam, worunter er ein Buch trug, das er auf den Tisch warf, und er gestattete seinem Beschwörer darin zu lesen, so viel und so lange er wolle. Auch schöpfte der Mann daraus große Weisheit und Geheimnisse besonderer Art.

Die Zwerge zeigten sich auch manchmal freiwillig den Menschen, hatten gern mit uns Umgang, und waren zufrieden genug, wenn wir ihnen nur kein Leids zufügten. Wir aber, boshaft, wie wir noch sind, wir spielten ihnen manchen Schabernack. In Wyß' Volkssagen liest man [8] folgende Geschichte:

»Des Sommers kam die Schar der Zwerge häufig aus den Flühen herab ins Tal, und gesellte sich entweder hilfreich oder doch zuschauend zu den arbeitenden Menschen, namentlich zu den Mähdern in der Heuernte. Da setzten sie sich denn wohl vergnügt auf den langen und dicken Ast eines Ahorns ins schattige Laub. Einmal aber kamen boshafte Leute und sägten bei Nacht den Ast durch, so dass er bloß noch schwach am Stamme hielt, und als die arglosen Geschöpfe sich am Morgen darauf niederließen, krachte der Ast vollends entzwei, die Zwerge stürzten auf den Grund, wurden ausgelacht, erzürnten sich heftig und jammerten:

»O wie ist der Himmel so hoch
Und die Untreue so groß!
Heut hierher und nimmermehr!«

Sie sollen seit der Zeit das Land verlassen haben.

Ich bezweifle, dass die Zwerge die Menschen als gute Geister betrachteten; sicherlich vermochten sie an unsern Handlungen nicht unsern göttlichen Ursprung zu erkennen. Wesen von einer andern Natur als die unsrige dürften keine gute Meinung von uns hegen, und der Teufel hält uns für die schlechtesten aller Kreaturen. Ich habe einmal in einer Dorfscheune die Faustkomödie darstellen sehn. Faust beschwört den Teufel und verlangt im Vertrauen auf seine Unerschrockenheit, dass der Teufel ihm in der furchtbarsten Gestalt, unter den Zügen der entsetzlichsten aller

Kreaturen erscheine ... und der gehorsame Teufel erscheint unter der Gestalt eines Menschen.

Man weiß nicht recht, weshalb die Zwerge uns zuletzt so plötzlich verließen. Es gibt indessen noch zwei andere Traditionen, die ebenfalls den Abzug der Zwerge unserer Necksucht und Bosheit zuschreiben. Die eine wird in den erwähnten Volkssagen [9] folgendermaßen erzählt:

»Die Zwerge, welche in Höhlen und Klüften rings um die Menschen herum wohnten, waren gegen Diese immer freundlich und gut gesinnt, und des Nachts, wenn die Menschen schliefen, verrichteten sie deren schwere Arbeit. Wenn dann das Landvolk früh Morgens mit Wagen und Geräte herbeizog und erstaunte, dass Alles getan war, steckten die Zwerge im Gesträuch und lachten hell auf. Oftmals zürnten die Bauern, wenn sie ihr noch nicht ganz zeitiges Getreide auf dem Acker niedergeschnitten fanden, aber als bald Hagel und Gewitter hereinbrach und sie wohl sahen, dass vielleicht kein Hälmchen dem Verderben entronnen sein würde, da dankten sie innig dem voraussichtigen Zwergvolk. Endlich aber verscherzten die Menschen durch ihren Frevel die Huld und Gunst der Zwerge, sie entflohen, und seitdem hat sie kein Auge wieder erblickt. Die Ursache war diese. Ein Hirt hatte oben am Berg einen trefflichen Kirschbaum stehen. Als die Früchte eines Sommers reiften, begab es sich, dass dreimal hinter einander Nachts der Baum geleert wurde und alles Obst auf die Bänke und Hürden getragen war, wo der Hirt sonst die Kirschen aufzubewahren pflegte. Die Leute im Dorfe sprachen: »Das tut niemand Anders als die redlichen Zwerge, Die kommen bei Nacht in langen Mänteln mit bedeckten Füßen herangetrippelt, leise wie Vögel, und schaffen den Menschen emsig ihr Tagwerk; schon einmal hat man sie heimlich belauscht, allein man stört sie nicht, sondern lässt sie kommen und gehen.« Durch diese Rede wurde der Hirt neugierig und hätte gern gewusst, warum die Zwerge so sorgfältig ihre Füße bärgen, und ob diese anders gestaltet wären als Menschenfüße. Da nun das nächste Jahr wieder der Sommer und die Zeit kam, dass die Zwerge heimlich die Kirschen abbrachen und in den Speicher trugen, nahm der Hirt einen Sack voll Asche und streute sie rings um den Berg herum aus. Den andern Morgen mit Tagesanbruch eilte er zur Stelle hin, der Baum war richtig leer gepflückt, und er sah unten in der Asche die Spuren von vielen Gänsefüßen eingedrückt. Da lachte der Hirt und spottete, dass der

Zwerge Geheimnis verraten war. Bald aber zerbrachen und verwüsteten Diese ihre Wohnungen und flohen tiefer in den Berg hinab, grollen dem Menschengeschlecht und versagen ihm ihre Hilfe. Jener Hirt, der sie verraten hatte, wurde siech und blödsinnig fortan bis an sein Lebensende.«

Die andere Tradition, die in Otmar's Volkssagen mitgeteilt wird, [10] ist von viel betrübsam härterem Charakter:

»Zwischen Walkenried und Neuhof in der Grafschaft Hohenstein hatten einst die Zwerge zwei Königreiche. Ein Bewohner jener Gegend merkte einmal, dass seine Feldfrüchte alle Nächte beraubt wurden, ohne dass er den Täter entdecken konnte. Endlich ging er auf den Rat einer weisen Frau bei einbrechender Nacht an seinem Erbsenfelde auf und ab, und schlug mit einem dünnen Stabe über dasselbe in die bloße Luft hinein. Es dauerte nicht lange, so standen einige Zwerge leibhaftig vor ihm. Er hatte ihnen die unsichtbar machenden Nebelkappen abgeschlagen. Zitternd fielen die Zwerge vor ihm nieder und bekannten, dass ihr Volk es sei, welches die Felder der Landesbewohner beraubte, wozu aber die äußerste Not sie zwänge. Die Nachricht von den eingefangenen Zwergen brachte die ganze Gegend in Bewegung. Das Zwergvolk sandte endlich Abgeordnete, und bot Lösung für sich und die gefangenen Brüder, und wollte dann auf immer das Land verlassen. Doch die Art des Abzugs erregte neuen Streit. Die Landeseinwohner wollten die Zwerge nicht mit ihren gesammelten und versteckten Schätzen abziehen lassen, und das Zwergvolk wollte bei seinem Abzuge nicht gesehen sein. Endlich kam man dahin überein, dass die Zwerge über eine schmale Brücke bei Neuhof ziehen, und dass Jeder von ihnen in ein dorthin gestelltes Gefäß einen bestimmten Teil seines Vermögens als Abzugszoll werfen sollte, ohne dass einer der Landesbewohner zugegen wäre. Dies geschah. Doch einige Neugierige hatten sich unter die Brücke versteckt, um den Zug der Zwerge wenigstens zu hören. Und so hörten sie denn viele Stunden lang das Getrappel der kleinen Menschen; es war ihnen, als ob eine sehr große Herde Schafe über die Brücke ging.«

Nach einer Variante sollte jeder abziehende Zwerg nur ein einziges Geldstück in das Fass werfen, welches man vor der Brücke hingestellt; und den andern Morgen fand man das Fass ganz gefüllt mit alten Goldmünzen. Auch soll vorher der Zwergenkönig selber in seinem roten Mäntelchen zu den Landeseinwohnern gekommen sein, um sie zu bitten, ihn und sein Volk nicht fort zu jagen. Flehentlich erhob er seine Ärmchen gen Himmel und weinte die rührendsten Tränen, wie einst Don Isaak Abarbanel vor Ferdinand von Aragonien. [11]

Von den Zwergen, den Erdgeistern, sind genau zu unterscheiden die Elfen, die Luftgeister, die auch in Frankreich mehr bekannt sind und die besonders in englischen Gedichten so anmutig gefeiert werden. Wenn die Elfen nicht ihrer Natur nach unsterblich wären, so würden sie es schon allein durch Shakespeare geworden sein. Sie leben ewig im Sommernachtstraum der Poesie. Eben so wenig wird man je die Elfenkönigin Spencer's vergessen, mindestens so lange man Englisch verstehen wird.

Der Glaube an Elfen ist nach meinem Bedünken viel mehr keltischen als skandinavischen Ursprungs. Daher mehr Elfensagen im westlichen Norden, als im östlichen. In Deutschland weiß man wenig von Elfen, und Alles ist da nur matter Nachklang von bretonischen Sagen, wie z.B. Wieland's Oberon. [12] Was das Volk in Deutschland Elfen oder Elben nennt, sind die unheimlichen Geburten der Hexen, die mit dem Bösen gebuhlt. Die eigentlichen Elfensagen sind heimisch in Irland und Nordfrankreich; [13] indem sie von hier hinabklingen bis zur Provence, vermischen sie sich mit dem Feenglauben des Morgenlands. Aus solcher Vermischung erblühen nun die vortrefflichen Lais vom Grafen Lanval, dem die schöne Fee ihre Gunst schenkt, unter dem Beding, dass er sein Glück verschweige. Als aber König Arthus bei einem Festgelage zu Karduel seine Königin Ginevra für die schönste Frau der Welt erklärte, da konnte Graf Lanval nicht länger schweigen; er sprach, und sein Glück war wenigstens auf Erden zu Ende. Nicht viel besser ergeht es dem Ritter Grüeland; auch er kann sein Liebesglück nicht verschweigen, die geliebte Fee verschwindet, und auf seinem Ross Gedefer reitet er lange vergebens, um sie zu suchen. Aber in dem Feenland Avalun finden die unglücklichen Ritter ihre Geliebten wieder. Hier können Graf Lanval und Herr Grüeland so Viel schwatzen, als nur ihr Herz gelüstet. Hier kann auch Ogier der Däne von seinen Heldenfahrten ausruhen in den Armen seiner Morgane. Ihr Franzosen kennt sie alle, diese Geschichten. Ihr kennt Avalun, aber der Perser kennt es auch, und er nennt es Dschinnistan. Es ist das Land der Poesie. [14]

Das Äußere der Elfen und ihr Weben und Treiben ist euch ebenfalls ziemlich bekannt. Spencer's Elfenkönigin ist längst zu euch herübergeflogen aus England. Wer kennt nicht Titania? Wessen Hirn ist so dick, dass es nicht manchmal das heitre Geklinge ihres Luftzugs vernimmt? Ist es aber wahr, dass es ein Vorzeichen des Todes, wenn man diese Elfenkönigin mit leiblichen Augen erblickt und gar einen freundlichen Gruß von ihr empfängt? Ich möchte Dieses gern genau wissen, denn

In dem Wald im Mondenscheine
Sah ich jüngst die Elfen reuten;
Ihre Hörner hört' ich klingen,
Ihre Glöckchen hört' ich läuten.

Ihre weißen Rösslein trugen
Güldnes Hirschgeweih und flogen
Rasch dahin; wie Schwanenzüge
Kam es durch die Luft gezogen.

Lächelnd nickte mir die Kön'gin,
Lächelnd im Vorüberreuten.
Galt Das meiner neuen Liebe,
Oder soll es Tod bedeuten?

In den dänischen Volksliedern gibt es zwei Elfensagen, die den Charakter dieser Luftgeister am treuesten zur Anschauung bringen. [15]

Das eine Lied erzählt von dem Traumgesichte eines jungen Fants, der sich auf Elvershöh niedergelegt hatte und allmählich eingeschlummert war. Er träumt, er stände auf seinem Schwerte gestützt, während die Elfen im Kreise um ihn her tanzen und durch Liebkosen und Versprechung ihn verlocken wollen, an ihrem Reigen Teil zu nehmen. Eine von den Elfen kömmt an ihn heran und streichelt ihm die Wange und flüstert: »Tanze mit uns, schöner Knabe, und das Süßeste, was nur immer dein Herz gelüstet, wollen wir dir singen.« Und da beginnt auch ein Gesang von so bezwingender Liebeslust, dass der reißende Strom, dessen Wasser sonst wildbrausend dahin fließt, plötzlich still steht, und in der ruhigen Flut die Fischlein hervortauchen und vergnügt mit ihren Schwänzlein spielen. Eine andere Elfe flüstert: »Tanze mit uns, schöner Knabe, und wir wollen dich Runensprüche lehren, womit du den Bär und den wilden Eber besiegen kannst, sowie auch den Drachen, der das Gold hütet; sein Gold soll dir anheimfallen. Der junge Fant widersteht jedoch allen diesen Lockungen, und die erzürnten Jungfrauen drohen endlich, ihm den kalten Tod ins Herz zu bohren. Schon zücken sie ihre scharfen Messer, da, zum Glücke, kräht der Hahn, und der Träumer erwacht mit heiler Haut.

Das andere Gedicht ist minder luftig gehalten, die Erscheinung der Elfen findet nicht im Traume, sondern in der Wirklichkeit statt, und ihr schauerlich anmutiges Wesen tritt uns desto schärfer entgegen. [16]

Herr Oluf reitet im Mondenschein,
Er ladet die Gäste zur Hochzeit ein.
        Doch das Tanzen geht so schnell durch den Wald.
Sie tanzen zu vier und zu fünfen durchs Land,
Erlkönigs Tochter streckt aus die Hand.
        Doch das Tanzen geht so schnell durch den Wald.
»Willkommen, Herr Oluf, halt an dein Ross,
Und tanze mit mir im Elfenschloss!«
        Doch das Tanzen geht so schnell durch den Wald.
»»Ich nimmer darf, ich nimmer mag,
Denn morgen ist mein Hochzeitstag.««
        Doch das Tanzen geht so schnell durch den Wald.
»Und höre, Herr Oluf, und tanz' mit mir;
Zwei Widderhautstiefel die geb' ich dir.«
        Doch das Tanzen geht so schnell durch den Wald.
»Zwei Widderhautstiefel, die sitzen so schön,
So gut die güldenen Sporen stehn.«
        Doch das Tanzen geht so schnell durch den Wald.
»Und höre, Herr Oluf, und tanz' mit mir;
Ein Hemd von Seiden das geb' ich dir.«
        Doch das Tanzen geht so schnell durch den Wald.
»Ein Hemd von Seiden, so weiß und fein,
Meine Mutter bleicht' es mit Mondenschein.«
        Doch das Tanzen geht so schnell durch den Wald.
»»Ich nimmer darf, ich nimmer mag,
Denn morgen ist mein Hochzeitstag.««
        Doch das Tanzen geht so schnell durch den Wald.

»Und höre, Herr Oluf, und tanz' mit mir;
Eine güldene Schärpe die geb' ich dir.«
        Doch das Tanzen geht so schnell durch den Wald.
»»Eine güldene Schärpe die liebt' ich mir,
Doch darf ich nimmer tanzen mit dir.««
        Und das Tanzen geht so schnell durch den Wald.
»Und willst du nimmer tanzen mit mir,
Soll Pest und Krankheit folgen dir.«
        Doch das Tanzen geht so schnell durch den Wald.
Sie gab einen Schlag ihm mitten aufs Herz,
Wohl nimmer empfand er so großen Schmerz.
        Doch das Tanzen geht so schnell durch den Wald.
Sie hob ihn auf sein rotbraun Ross:
»Kehr heim zur Braut, kehr heim zum Schloss!«
        Doch das Tanzen geht so schnell durch den Wald.
Und als er kam an des Schlosses Tor,
Seine Mutter harrend stand davor.
        Doch das Tanzen geht so schnell durch den Wald.
»Hör, liebster Sohn, und sag mir gleich,
Warum ist deine Wange so bleich?«
        Doch das Tanzen geht so schnell durch den Wald.
»»Wohl mag die Wange bleich mir sein,
Ich war zu Nacht bei dem Elfenreihn.««
        Doch das Tanzen geht so schnell durch den Wald.
»Und höre, mein Sohn, so klug und traut,
Was sag' ich deiner jungen Braut?«
        Doch das Tanzen geht so schnell durch den Wald.
»»Sag ihr, ich sei im Walde zur Stund',
Und prüfe mein Ross und meine Hund'.««
        Doch das Tanzen geht so schnell durch den Wald,
Am Morgen früh, als Tag es war,
Da kam die Braut mit der Hochzeitschar.
        Doch das Tanzen geht so schnell durch den Wald.
Sie schenkten Met, sie schenkten Wein.
»Wo ist Herr Oluf, der Bräutigam mein?«
        Doch das Tanzen geht so schnell durch den Wald.
»»Herr Oluf ritt in den Wald zur Stund',
Zu prüfen sein Ross und seine Hund'.««
        Doch das Tanzen geht so schnell durch den Wald.

Die Braut hub auf das Bahrtuch rot,
Da lag Herr Oluf, Der war tot.
  Doch das Tanzen geht so schnell durch den Wald.
Als wieder vom Himmel das Frühlicht floss,
Drei Leichen trug man hinaus vom Schloss.
  Doch das Tanzen geht so schnell durch den Wald.

Es ist das Lied von dem Herrn Oluf, der abends spät ausreitet, um seine Hochzeitgäste zu entbieten. Der Refrain ist immer: »Aber das Tanzen geht so schnell durch den Wald.« Man glaubt, unheimlich lüsterne Melodien zu hören und zwischendrein ein Kichern und Wispern, wie von mutwilligen Mädchen. Herr Oluf sieht endlich, wie vier, fünf, ja noch mehre Jungfrauen hervortanzen und Erlkönigs Tochter die Hand nach ihm ausstreckt. Sie bittet ihn zärtlichst, in den Kreis einzutreten und mit ihr zu tanzen. Der Ritter aber will nicht tanzen und sagt zu seiner Entschuldigung: »Morgen ist mein Hochzeitstag.« Da werden ihm nun gar verführerische Geschenke angeboten; jedoch weder die Widderhautstiefel, die so gut am Beine sitzen würden, noch die güldenen Sporen, die man so hübsch daran schnallen kann, noch das weißseidene Hemd, das die Elfenkönigin selber mit Mondschein gebleicht hat, nicht mal die silberne Schärpe, die man ihm ebenfalls so kostbar anrühmt, Nichts kann ihn bestimmen, in den Elfenreigen einzutreten und mitzutanzen. Seine beständige Entschuldigung ist: »Morgen ist mein Hochzeitstag.« Da freilich verlieren die Elfen endlich die Geduld, sie geben ihm einen Schlag aufs Herz, wie er ihn noch nie empfunden, und heben den zu Boden gesunkenen Ritter wieder auf sein Ross und sagen spöttisch: »So reite denn heim zu deiner Braut.« Ach! als er auf seine Burg zurückkehrte, da waren seine Wangen sehr blass und sein Leib sehr krank, und als am Morgen früh die Braut ankam mit der Hochzeitschar, mit Sang und Klang, da war Herr Oluf ein stiller Mann; denn er lag tot unter dem roten Bahrtuch.

»Aber das Tanzen geht hin so schnell durch den Wald.«

Der Tanz ist charakteristisch bei den Luftgeistern; sie sind zu ätherischer Natur, als dass sie prosaisch gewöhnlichen Ganges, wie wir, über diese Erde wandeln sollten. Indessen so zart sie auch sind, so lassen doch ihre Füßchen einige Spuren zurück auf den Rasenplätzen, wo sie ihre nächtlichen Reigen gehalten. Es sind eingedrückte Kreise, denen das Volk den Namen Elfenringe gegeben. [17]

In einem Teile Österreichs gibt es eine Sage, die mit den vorhergehenden eine gewisse Ähnlichkeit bietet, obgleich sie ursprünglich slawisch ist. Es ist die Sage von den gespenstischen Tänzerinnen, die dort unter dem Namen »die Willis« bekannt sind. Die Willis sind Bräute, die vor der Hochzeit gestorben sind. Die armen jungen Geschöpfe können nicht im Grabe ruhig liegen; in ihren toten Herzen, in ihren toten Füßen, blieb noch jene Tanzlust, die sie im Leben nicht befriedigen konnten, und um Mitternacht steigen sie hervor, versammeln sich truppenweis an den Heerstraßen, und wehe dem jungen Menschen, der ihnen da begegnet! Er muss mit ihnen tanzen, sie umschlingen ihn mit ungezügelter Tobsucht, und er tanzt mit ihnen ohne Ruh und Rast, bis er tot niederfällt. Geschmückt mit ihren Hochzeitkleidern, Blumenkronen und flatternde Bänder auf den Häuptern, funkelnde Ringe an den Fingern, tanzen die Willis im Mondglanz ebenso wie die Elfen. Ihr Antlitz, obgleich schneeweiß, ist jugendlich schön, sie lachen so schauerlich heiter, so frevelhaft liebenswürdig, sie nicken so geheimnisvoll lüstern, so verheißend; diese toten Bacchantinnen sind unwiderstehlich.

Das Volk, wenn es blühende Bräute sterben sah, konnte sich nie überreden, dass Jugend und Schönheit so jählings gänzlich der schwarzen Vernichtung anheimfallen, und leicht entstand der Glaube, dass die Braut noch nach dem Tode die entbehrten Freuden sucht.

Dieses erinnert uns an eins der schönsten Gedichte Goethes, die Braut von Korinth, womit das französische Publikum durch Frau von Staël schon längst Bekanntschaft gemacht hat. Das Thema dieses Gedichtes ist uralt und verliert sich hoch hinauf in die Schauernisse der thessalischen Märchen. Aelian erzählt davon, und Ähnliches berichtet Philostrates im Leben des Apollonius von Tyane. Es ist die fatale Hochzeitgeschichte, wo die Braut eine Lamia ist.

Es ist den Volkssagen eigentümlich, dass ihre furchtbarsten Katastrophen gewöhnlich bei Hochzeitfesten ausbrechen. Das plötzlich eintretende Schrecknis kontrastiert dann desto grausig schroffer mit der heiteren Umgebung, mit der Vorbereitung zur Freude, mit der lustigen Musik. So lange der Rand des Bechers noch nicht die Lippen berührt, kann der kostbare Trank noch immer verschüttet werden. Ein düsterer Hochzeitgast kann eintreten, den Niemand gebeten hat, und den doch Keiner den Mut hat fortzuweisen. Er sagt der Braut ein Wort ins Ohr, und sie erbleicht. Er gibt dem Bräutigam einen leisen Wink, und Dieser folgt ihm aus dem Saale, wandelt mit ihm weit hinaus in die wehende Nacht, und kehrt nimmermehr heim. Gewöhnlich ist es ein früheres Liebesversprechen, weshalb plötzlich eine kalte Geisterhand die Braut und den Bräutigam trennt. Als Herr Peter von Staufenberg beim Hochzeitmahle saß, und zufällig aufwärts schaute, erblickte er einen kleinen weißen Fuß, der durch die Saalesdecke hervortrat. Er erkannte den Fuß jener Nixe, womit er früher im zärtlichsten Liebesbündnisse gestanden, und an diesem Wahrzeichen merkte er wohl, dass er durch seine Treulosigkeit das Leben verwirkt. Er schickt zum Beichtiger, lässt sich das Abendmahl reichen und bereitet sich zum Tode. Von dieser Geschichte wird in deutschen Landen noch viel gesagt und gesungen. Es heißt auch, die beleidigte Nixe habe den ungetreuen Ritter unsichtbar umarmt und in dieser Umarmung gewürgt. Tief gerührt werden die Frauen bei dieser tragischen Erzählung. Aber unsere jungen Freigeister lächeln darüber spöttisch und wollen nimmermehr glauben, dass die Nixen so gefährlich sind. Sie werden späterhin ihre Ungläubigkeit bitter bereuen.

Die Nixen haben die größte Ähnlichkeit mit den Elfen. Sie sind Beide verlockend, anreizend und lieben den Tanz. Die Elfen tanzen auf Moorgründen, grünen Wiesen, freien Waldplätzen und am liebsten unter alten Eichen. Die Nixen tanzen bei Teichen und Flüssen; man sah sie auch wohl auf dem Wasser tanzen, den Vorabend wenn Jemand dort ertrank. Auch kommen sie oft zu den Tanzplätzen der Menschen, und tanzen mit ihnen ganz wie Unsereins. Die weiblichen Nixen erkennt man an dem Saum ihrer weißen Kleider, der immer feucht ist. Auch wohl an dem feinen Gespinnste ihrer Schleier und an der vornehmen Zierlichkeit ihres geheimnisvollen Wesens. [18] Den männlichen Nix erkennt man daran, dass er grüne Zähne hat, die fast wie Fischgräten gebildet sind. [19] Auch empfindet man einen inneren Schauer, wenn man seine außerordentlich weiche, eiskalte Hand berührt. Gewöhnlich trägt er einen grünen Hut. Wehe dem Mädchen, das, ohne ihn zu kennen, gar zu sorglos mit ihm tanzt. Er zieht sie hinab in sein feuchtes Reich. [20] Man erzählt sich die folgende Geschichte:

Zu Laibach wohnte in dem Flusse, welcher denselben Namen führt, ein Wassergeist, den man Nix oder Wassermann nannte. Er hatte sich Nachts den Fischern und Schifferknechten und Tags anderen Leuten gezeigt, so dass Jeder erzählen konnte, wie er aus dem Wasser gestiegen sei, und sich in menschlicher Gestalt habe blicken lassen. Im Jahre 1547, am ersten Sonntag im Juli, versammelte sich die ganze Bevölkerung der Gegend nach altem Gebrauche auf dem Marktplatze zu Laibach neben der Quelle, welche lustig von einer Linde beschattet war. Sie nahmen bei den Klängen der Musik freundnachbarlich ihr Mahl ein; dann begannen sie zu tanzen. Nach Verlauf einiger Zeit kam ein junger wohlgebauter und wohlgekleideter Mann, und schien an dem Tanze teilnehmen zu wollen. Er grüßte höflich die ganze Versammlung und bot Jedem freundlich seine Hand, die sehr weich und eiskalt war und bei der Berührung einen eigentümlichen Schauer erregte. Dann forderte er ein schönes und reichgeschmücktes junges Mädchen zum Tanz auf, ein frisches, keckes Ding und von leichtfertigen Sitten, mit Namen Ursula Schöfferin; sie wusste sich trefflich in seine Art zu finden, und halb und halb auf seine belustigenden Späße einzugehn. Als sie so einige Zeit leidenschaftlich getanzt hatte, wirbelten sie von dem Platze fort, den gewöhnlich der Tänzerkreis umschloss, und immer weiter, erst von der Linde bis Sittichenhof, dann noch weiter bis zur Laibach, wo er vor den Augen vieler Schifferknechte mit ihr hinabsprang, und Beide verschwanden.

Die Linde stand noch bis zum Jahre 1638, wo man sie ihres Alters wegen umhieb.

Dieselbe Sage existiert in vielerlei Variationen. Die schönste ist die dänische in dem Liederzyklus, welcher den Untergang des Königsmörders Marsk Stig und seines ganzen Hauses besingt. Marsk Stig, der Königsmörder, hatte zwei schöne Töchter, wovon die jüngste in des Wassermanns Gewalt geriet, sogar während sie in der Kirche war. Der Nix erschien als ein stattlicher Ritter; seine Mutter hatte ihm ein Roß von klarem Wasser und Sattel und Zaum von dem weißesten Sande gemacht, und die arglose Schöne reichte ihm freudig ihre Hand. Wird sie ihm da unten im Meere die versprochene Treue halten? Ich weiß nicht; aber ich kenne eine Sage von einem anderen Wassermann, der sich ebenfalls eine Frau vom festen Lande geholt hat und aufs listigste von ihr betrogen ward. Es ist die Sage von Roßmer, dem Wassermann, der, ohne es zu wissen, seine eigne Frau in einer Kiste auf den Rücken nahm und sie ihrer Mutter zurückbrachte. Er vergoss darüber nachher die bitterlichsten Tränen. [21]

Die Nixen haben ebenfalls oft dafür zu büßen, dass sie an dem Umgang der Menschen Gefallen fanden. Auch hierüber weiß ich eine Geschichte, [22] die von deutschen Dichtern vielfach besungen worden. Aber am Rührendsten klingt sie in folgenden schlichten Worten, wie sie die Gebrüder Grimm in ihren Sagen mitteilen:

»Zu Epfenbach bei Sinzheim traten seit der Leute Gedenken jeden Abend drei wunderschöne weißgekleidete Jungfrauen in die Spinnstuben des Dorfes. Sie brachten immer neue Lieder und Weisen mit, wussten hübsche Märchen und Spiele, auch ihre Rocken und Spindeln hatten etwas Eigenes, und keine Spinnerin konnte so sein und behänd den Faden drehen. Aber mit dem Schlag Elf standen sie auf, packten ihre Rocken zusammen, und ließen sich durch keine Bitte einen Augenblick länger halten. Man wusste nicht, woher sie kamen, noch wohin sie gingen; man nannte sie nur die Jungfern aus dem See, oder die Schwestern aus dem See. Die Burschen sahen sie gern und verliebten sich in sie, zu allermeist des Schulmeisters Sohn. Der konnte nicht satt werden, sie zu hören und mit ihnen zu sprechen, und Nichts tat ihm leider, als dass sie jeden Abend schon so früh aufbrachen. Da verfiel er einmal auf den Gedanken, und stellte die Dorfuhr eine Stunde zurück, und Abends im steten Gespräch und Scherz merkte kein Mensch den Verzug der Stunde. Und als die Glocke Elf schlug, es aber schon eigentlich Zwölf war, standen die drei Jungfrauen auf, legten ihre Rocken zusammen und gingen fort. Den folgenden Morgen kamen etliche Leute am See vorbei; da hörten sie wimmern und sahen drei blutige Stellen oben auf der Fläche. Seit der Zeit kamen die Schwestern nimmermehr zur Stube. Des Schulmeisters Sohn zehrte ab und starb kurz darnach.«

Es liegt etwas so Geheimnisvolles in dem Treiben der Nixen. Der Mensch kann sich unter dieser Wasserdecke so viel Süßes und zugleich so viel Entsetzliches denken. Die Fische, die allein Etwas davon wissen können, sind stumm. Oder schweigen sie etwa aus Klugheit? Fürchten sie grausame Ahndung, wenn sie die Heimlichkeiten des stillen Wasserreiches verrieten? So ein Wasserreich mit seinen wollüstigen Heimlichkeiten und verborgenen Schrecknissen mahnt an Venedig. Oder war Venedig selbst ein solches Reich, das zufällig aus der Tiefe des adriatischen Meers zur Oberwelt heraufgetaucht mit seinen Marmorpalästen, mit seinen delphinäugigen Kurtisanen, mit seinen Glasperlen- und Korallenfabriken, mit seinen Staatsinquisitoren, mit seinen geheimen Ersäufungsanstalten, mit seinem bunten Maskengelächter? Wenn einst Venedig wieder in die Lagunen hinabgesunken sein mag, dann wird seine Geschichte wie ein Nixenmärchen klingen, und die Amme wird den Kindern von dem großen Wasservolk erzählen, das durch Beharrlichkeit und List sogar über das feste Land geherrscht, aber endlich von einem zweiköpfigen Adler totgebissen worden.

Das Geheimnisvolle ist der Charakter der Nixen, wie das Träumerisch-luftige der Charakter der Elfen. Beide sind vielleicht in der ursprünglichen Sage selbst nicht sehr unterschieden, und erst spätere Zeiten haben hier eine Sonderung vorgenommen. Die Namen selbst geben keine sichere Auskunft. In Skandinavien heißen alle Geister Elfen, Alf, und man unterscheidet sie in weiße und schwarze Alfen; Letztere sind eigentliche Kobolde. Den Namen Nix gibt man in Dänemark ebenfalls den Hauskobolden, die man dort, wie ich schon früher gemeldet, Nissen nennt.

Dann gibt es auch Abnormitäten, Nixen, welche nur bis zur Hüfte menschliche Bildung tragen, unten aber in einen Fischschweif endigen, oder mit der Oberhälfte ihres Leibes als eine wunderschöne Frau und mit der Unterhälfte als eine schuppige Schlange erscheinen, wie eure Melusine, die Geliebte des Grafen Raimund von Poitiers.

Glücklicher Raimund, dessen Geliebte nur zur Hälfte eine Schlange war!

Auch kommt es oft vor, dass die Nixen, wenn sie sich mit Menschen in ein Liebesbündnis einlassen, nicht bloß Verschwiegenheit verlangen, sondern auch bitten, man möge sie nie befragen nach ihrer Herkunft, nach Heimat und Sippschaft. Auch sagen sie nicht ihren rechten Namen, sondern sie geben sich unter den Menschen so zu sagen einen *nom de guerre*. Der Gatte der Kleve'schen Prinzessin nannte sich Helias. War er ein Nix oder ein Elfe? Der Schwan, welcher ihn ans Ufer führte, erinnert mich an die Sage von den Schwanenjungfrauen. Die Geschichte von diesem Helias lautet in unseren Volksmärchen, wie folgt:

Im Jahre 711 lebte Beatrix, die einzige Tochter des Herzogs von Kleve. Ihr Vater war tot, und sie war Herrin von Kleve und vielen anderen Landen. Eines Tages saß das junge Burgfräulein im

Schlosse von Nimwegen; es war schönes Wetter, die Luft war klar, und sie schaute hinab in den Rhein. Dort gewahrte sie ein seltsamlich Ding. Ein weißer Schwan glitt den Fluss hinab, und er trug ein gülden Kettlein am Halse. An der Kette war ein Nachen befestigt, den der Schwan vorwärts zog; in dem Nachen saß ein schöner Mann; er hielt ein Goldschwert in der Hand, ein Jagdhorn hing an seiner Seite, und er trug einen kostbaren Ring am Finger. Der junge Mann sprang ans Land und führte lange Reden mit dem Fräulein; er sagte ihr, dass er ihr Land beschützen und ihre Feinde vertreiben werde. Der junge Mann gefiel ihr so gut, dass sie sich in ihn verliebte und ihn zum Gatten nahm. Aber er sagte ihr: »Fraget mich niemals nach meinem Geschlecht und meiner Herkunft, denn an dem Tage, wo Ihr mich darnach früget, müsste ich von Euch scheiden, und Ihr würdet mich niemals wiedersehn.« Und er sagte ihr noch, dass er Helias heiße. Er war von hoher Gestalt, ganz wie ein Riese. Sie hatten nachmals mehre Kinder mit einander. Aber nach Verlauf einiger Jahre, einst in der Nacht, als Helias bei seiner Gemahlin im Bette lag, sprach die Prinzessin, ohne der Warnung zu gedenken: »Herr, wollt Ihr nicht unsern Kindern sagen, woher Ihr gekommen?« Bei diesen Worten verließ Helias seine Gemahlin, sprang in sein Schwanenschiff, und ward nimmermehr gesehen. Die Frau härmte sich ab, und starb vor Gram und Reue im selbigen Jahr. Es scheint jedoch, dass er seinen drei Kindern seine drei Kleinodien, das Schwert, das Horn und den Ring, zurückließ. Seine Nachkommen leben noch, und auf dem Schlosse zu Kleve erhebt sich ein hoher Turm, auf dessen Spitze ein Schwan steht; man nennt ihn den Schwanenturm, zum Andenken an jenes Ereignis.

Wie oft, wenn ich den Rhein hinabfuhr, und dem Schwanenturm von Kleve vorüberkam, dachte ich an den geheimnisvollen Ritter, der so wehmütig streng sein Inkognito bewahrte, und den die bloße Frage nach seiner Herkunft aus den Armen der Liebe vertreiben konnte.

Aber es ist auch wirklich verdrießlich, wenn die Weiber zu viel fragen. Braucht eure Lippen zum Küssen, nicht zum Fragen, ihr Schönen! [23] Schweigen ist die wesentlichste Bedingung des Glückes. Wenn der Mann die Gunstbezeugungen seines Glückes ausplaudert, oder wenn das Weib nach den Geheimnissen ihres Glückes neugierig forscht, dann gehen sie Beide ihres Glückes verlustig.

Elfen und Nixen können zaubern, können sich in jede beliebige Gestalt verwandeln; indessen manchmal sind auch sie selber von mächtigeren Geistern und Nekromanten in allerlei hässliche Missgebilde verwünscht worden. Sie werden aber erlöst durch Liebe, wie im Märchen Zemire und Azor; das krötige Ungeheuer muss dreimal geküsst werden, und es verwandelt sich in einen schönen Prinzen. Sobald du deinen Widerwillen gegen das Hässliche überwindest und das Hässliche sogar lieb gewinnst, so verwandelt es sich in etwas Schönes. Keine Verwünschung widersteht der Liebe. Liebe ist ja selber der stärkste Zauber, jede andere Verzauberung muss ihr weichen. Nur gegen eine Gewalt ist sie ohnmächtig. Welche ist das? Es ist nicht das Feuer, nicht das Wasser, nicht die Luft, nicht die Erde mit allen ihren Metallen; es ist die Zeit.

Die seltsamsten Sagen in Betreff der Elementargeister findet man bei dem alten guten [24] Johannes Prätorius, dessen » *Anthropodemus plutonicus*, oder neue Weltbeschreibung von allerlei wunderbaren Menschen« im Jahre 1666 zu Magdeburg erschienen ist. Schon die Jahrzahl ist merkwürdig; es ist das Jahr, dem der jüngste Tag prophezeit worden. Der Inhalt des Buches ist ein Wust von Unsinn, aufgegabeltem Aberglauben, [25] maulhängkolischen und affenteuerlichen Historien und gelehrten Zitaten, Kraut und Rüben. Die zu behandelnden Gegenstände sind geordnet nach den Anfangsbuchstaben ihres Namens, die ebenfalls höchst willkürlich gewählt sind. Auch die Einteilungen sind ergötzlich, z. B. wenn der Verfasser von Gespenstern handeln will, so handelt er 1) von wirklichen Gespenstern, 2) von erdichteten Gespenstern, d.h. von Betrügern, die sich als Gespenster vermummen. Aber er ist voll Belehrung, und in diesem Buche, so wie auch in seinen anderen Werken, haben sich Traditionen erhalten, die teils sehr wichtig für das Studium der germanischen Religionsaltertümer, teils auch als bloße Kuriositäten sehr interessant sind. Ich bin überzeugt, ihr Alle wisst nicht, dass es Meerbischöfe gibt. Ich zweifle sogar, ob die Gazette de France es weiß. Und doch wäre es wichtig für manche Leute, zu wissen, dass das Christentum sogar im Ozean seine Anhänger hat, und gewiss in großer Anzahl. Vielleicht die Majorität der Meergeschöpfe sind Christen, wenigstens ebenso gute Christen wie die Majorität der Franzosen. Ich möchte Dieses gern verschweigen, um der katholischen Partei in Frankreich durch diese Mitteilung keine Freude zu machen, aber da ich hier von Nixen, von Wassermenschen zu sprechen habe, verlangt es die deutsch-gewissenhafte Gründlichkeit, dass ich der Seebischöfe erwähne. Prätorius erzählt nämlich Folgendes:

»In den holländischen Chroniken liest man, Cornelius von Amsterdam habe an einen Medikus, namens Gelbert, nach Rom geschrieben, dass im Jahr 1531 in dem nordischen Meere, nahe bei Elpach, ein Meermann sei gefangen worden, der wie ein Bischof von der römischen Kirche ausgesehen habe. Den habe man dem König von Polen zugeschickt. Weil er aber ganz im geringsten Nichts essen wollte von Allem, was ihm dargereicht, sei er am dritten Tage gestorben, habe Nichts geredet, sondern nur große Seufzer geholet.«

Eine Seite weiter hat Prätorius ein anderes Beispiel mitgeteilt:

»Im Jahre 1433 hat man in dem baltischen Meere, gegen Polen, einen Meermann gefunden, welcher einem Bischof ganz ähnlich gewesen. Er hatte einen Bischofshut auf dem Haupte, seinen Bischofsstab in der Hand und ein Messgewand an. Er ließ sich berühren, sonderlich von den Bischöfen des Ortes, und erwies ihnen Ehre, jedoch ohne Rede. Der König wollte ihn in einem Turm verwahren lassen, darwider setzte er sich mit Gebärden, und bat die Bischöfe, dass man ihn wieder in sein Element lassen wolle, welches auch geschehen, und wurde er von zwei Bischöfen dahin begleitet, und erwies sich freudig. Sobald er in das Wasser kam, machte er ein Kreuz, und tauchte sich hinunter, wurde auch künftig nicht mehr gesehen. Dieses ist zu lesen in *Flandr. Chronic.* in *Hist. ecclesiast. Spondani*, wie auch in den *Memorabilibus Wolfii*.« Ich habe beide Geschichten wörtlich mitgeteilt und meine Quelle genau angegeben, damit man nicht etwa glaube, ich hätte die Meerbischöfe erfunden. Ich werde mich wohl hüten, noch mehr Bischöfe [26] zu erfinden. Ich habe völlig genug an denen, welche uns sichtbar sind. Ich sähe sogar Manche derselben gern ihren Kollegen im Ozean einen Besuch abstatten und die Christenheit drunten im Meere mit ihrer Gegenwart erfreuen. Der Unglaube hat sich noch nicht bis in die Tiefen des Ozeans verbreitet; man hat dort noch keine Voltaire'schen Werke zu fünf Sous gedruckt; die Meerbischöfe schwimmen dort noch friedlich umher zwischen ihren gläubigen Herden.

Einigen Engländern, mit denen ich mich gestern über die Reform der anglikanisch-episkopalen Kirche unterhielt, habe ich den

Rat gegeben, aus ihren Landbischöfen lauter Meerbischöfe zu machen.

Zur Ergänzung der Sagen von Nixen und Elfen habe ich noch von den obenerwähnten Schwanenjungfrauen zu reden. Die Sage ist hier sehr unbestimmt und mit einem allzu geheimnisvollen Dunkel umwoben. [27] Sind sie Wassergeister? Sind sie Luftgeister? Sind sie Zauberinnen? Manchmal kommen sie aus den Lüften als Schwäne herabgeflogen, legen ihre weiße Federhülle von sich wie ein Gewand, sind dann schöne Jungfrauen, und baden sich in stillen Gewässern. Überrascht sie dort irgendein neugieriger Bursche, dann springen sie rasch aus dem Wasser, hüllen sich geschwind in ihre Federhaut, und schwingen sich dann als Schwäne wieder empor in die Lüfte. Der vortreffliche Musäus erzählt in seinen Volksmärchen die schöne Geschichte von einem jungen Ritter, dem es gelang, eines von jenen Federgewändern zu stehlen; als die Jungfrauen aus dem Bade stiegen, sich schnell in ihre Federkleider hüllten und davon flogen, blieb eine zurück, die vergebens ihr Federkleid suchte. Sie kann nicht fortfliegen, weint beträchtlich, ist wunderschön, und der schlaue Ritter heiratet sie. Sieben Jahre leben sie glücklich; aber einst in der Abwesenheit des Gemahls kramt die Frau in verborgenen Schränken und Truhen, und findet dort ihr altes Federgewand; geschwind schlüpft sie hinein und fliegt davon.

In den altdänischen Liedern ist von einem solchen Federgewand sehr oft die Rede; aber dunkel und in höchst befremdlicher Art. Hier finden wir Spuren von dem ältesten Zauberwesen. Hier sind Töne von nordischem Heidentum, die wie halbvergessene Träume in unserem Gedächtnisse einen wunderbaren Anklang finden. Ich kann nicht umhin, ein altes Lied mitzuteilen, worin nicht bloß von der Federhaut gesprochen wird, sondern auch von den Nachtraben, die ein Seitenstück zu den Schwanenjungfrauen bilden. Dieses Lied ist so schauerlich, so grauenhaft, so düster wie eine skandinavische Nacht, und doch glüht darin eine Liebe, die an wilder Süße und brennender Innigkeit nicht ihres Gleichen hat, [28] eine Liebe, die, immer gewaltiger entlodernd, endlich wie ein Nordlicht emporschießt und mit ihren leidenschaftlichen Strahlen den ganzen Himmel überflammt. Indem ich hier dieses ungeheure Liebesgedicht mitteile, muss ich vorausbemerken, dass ich mir dabei nur metrische Veränderungen erlaubte, dass ich nur am Äußerlichen, an dem Gewande, hie und da ein bisschen geschneidert. Der Refrain nach jeder Strophe ist immer: »So fliegt er über das Meer!« [29]

Sie schifften wohl über das salzige Meer,
Der König und die Königin beide;
Dass die Königin nicht geblieben daheim,
Das ward zu großem Leide.

Das Schiff das stand auf einmal still,
Sie konnten's nicht weiter lenken;
Ein wilder Nachtrabe geflogen kam,
Er wollt's in den Grund versenken.

»Ist Jemand unter den Wellen versteckt,
Und hält das Schiff befestigt?
Ich gebe ihm beides Silber und Gold,
Er lasse uns unbelästigt.

So du es bist, Nachtrabe wild,
So senk uns nicht zu Grunde,
Ich gebe dir beides Silber und Gold,
Wohl fünfzehn gewogene Pfunde.«

»Dein Gold und Silber verlang' ich nicht,
Ich verlange bessere Gaben,
Was du trägst unter dem Leibgurt dein,
Das will ich von dir haben.«

»Was ich trage unter dem Leibgurt mein
Das will ich dir gerne geben;
Das sind ja meine Schlüssel klein.
Nimm hin, und lass' mir mein Leben!«

Sie zog heraus die Schlüssel klein,
Sie warf sie ihm über Borde.
Der wilde Rabe von dannen flog,
Er hielt sie freudig beim Worte.

Und als die Kön'gin nach Hause kam,
Sie ging am Strande spazieren,

Da merkt' sie, wie German, der fröhliche Held
Sich unter dem Leibgurt tat rühren.

Und als fünf Monde verflossen dahin,
Die Königin eilt in die Kammer,
Eines schönen Sohnes sie genas,
Das ward zu großem Jammer.

Er ward geboren in der Nacht,
Und getauft sogleich den Morgen,
Sie nannten ihn German, den fröhlichen Held,
Sie glaubten ihn schon geborgen.

Der Knabe wuchs, er wusste sich gut
Im Reiten und Fechten zu üben,
So oft seine liebe Mutter ihn sah
Tat sich ihr Herz betrüben.

»O Mutter, liebe Mutter mein,
Wenn ich Euch vorübergehe,
Warum so traurig werdet Ihr,
Dass ich Euch weinen sehe?«

»So wisse, German, du fröhlicher Held,
Dein Leben ist bald geendet,
Denn als ich dich unter dem Leibgurt trug,
Hab' ich dich dem Raben verpfändet.«

»O Mutter, liebe Mutter mein,
O lasst Eu'r Leid nur fahren!
Was mir mein Schicksal bescheren will,
Davor kann mich Niemand bewahren.«

Das war eines Donnerstags im Herbst,
Als kaum der Morgen graute,
Die Frauenstube offen stand,
Da kamen krächzende Laute.

Der hässliche Rabe kam herein,
Setzt' sich zu der Königin dorten:

»Frau Königin, gebt mir Euer Kind,
Ihr habt's mir versprochen mit Worten.«

Sie aber hat beim höchsten Gott,
Bei allen Heil'gen geschworen,
Sie wüsste weder von Tochter noch Sohn,
Die sie auf Erden geboren.

Der hässliche Rabe flog zornig davon,
Und zornig schrie er im Fluge:
»Wo find' ich German, den fröhlichen Held,
Er gehört mir mit gutem Fuge.«

Und German war alt schon fünfzehn Jahr',
Und ein Mädchen zu freien gedacht' er;
Er schickte Boten nach Engeland,
Er warb um des Königs Tochter.

Des Königs Tochter ward ihm verlobt,
Und nach England zu reisen beschloss er:
»Wie komm' ich schnell zu meiner Braut,
Rings um die Insel ist Wasser?«

Und Das war German, der fröhliche Held,
In Scharlach sich kleiden tat er,
In seinem scharlachroten Kleid
Vor seine Mutter trat er.

»O Mutter, liebe Mutter mein,
Erfüllet mein Begehre,
Und leiht mir Euer Federgewand,
Dass ich fliegen kann über dem Meere.«

»Mein Federgewand in dem Winkel dort hängt,
Die Federn die fallen zur Erde;
Ich denke, dass ich zur Frühjahrzeit
Das Gefieder ausbesseren werde.

Auch sind die Fittige viel zu breit,
Die Wolken drücken sie nieder –

Und ziehst du fort in ein fremdes Land,
Ich schaue dich niemals wieder.«

Er setzte sich in das Federgewand,
Flog fort wohl über das Wasser;
Da traf er den wilden Nachtraben an.
Auf der Klippe im Meere saß er.

Wohl über das Wasser flog er fort,
Inmitten des Sundes kam er;
Da hört' er einen erschrecklichen Laut,
Eine hässliche Stimme vernahm er:

»Willkommen, German, du fröhlicher Held,
So lange erwarte ich deiner;
Als deine Mutter dich mir versprach,
Da warst du viel zarter und kleiner.«

»O lass' mich fliegen zu meiner Braut,
Ich treffe (bei meinem Worte!),
Sobald ich sie gesprochen hab',
Dich hier auf demselben Orte.«

»So will ich dich zeichnen, dass immerdar
Ich dich wiedererkenne im Leben.
Und dieses Zeichen erinnere dich
An das Wort, das du mir gegeben.«

Er hackte ihm aus sein rechtes Aug', Trank
halb ihm das Blut aus dem Herzen Der Ritter
kam zu seiner Braut
Mit großen Liebesschmerzen.

Er setzte sich in der Jungfraun Saal,
Er war so blutig, so bleiche;
Die kosenden Jungfraun in dem Saal, Sie
verstummten alle sogleiche.

Die Jungfraun ließen Freud' und Scherz,
Sie saßen still so sehre;

Aber die stolze Jungfrau Adelutz
Warf von sich Nadel und Schere.

Die Jungfraun saßen still so sehr,
Sie ließen Scherz und Freude; Aber
die stolze Jungfrau Adelutz Schlug
zusammen die Hände beide.

»Willkommen, German, der fröhliche Held,
Wo habt Ihr gespielet so mutig?
Warum find Eure Wangen so bleich
Und Eure Kleider so blutig?«

»Ade, stolze Jungfrau Adelutz,
Muss wieder zurück zu dem Raben,
Der mein Äug' ausriß und mein Herzblut trank,
Auch meinen Leib will er haben.«

Einen goldnen Kamm zieht sie heraus,
Selbst kämmt sie ihm seine Haare;
Bei jedem Haare, das sie kämmt,
Vergießt sie Tränen viel klare.

Bei jeder Locke, die sie ihm schlingt,
Vergießt sie Tränen viel klare;
Sie verwünscht seine Mutter, durch deren Schuld
Er so viel Unglück erfahre.

Die stolze Jungfrau Adelutz
Zog ihn in ihre Arme beide;
»Deine böse Mutter sei verwünscht,
Sie bracht' uns zu solchem Leide.«

»Hört, stolze Jungfrau Adelutz,
Meine Mutter verwünschet nimmer,
Sie konnte nicht, wie sie gewollt,
Seinem Schicksal erliegt man immer.«

Er setzte sich in sein Federgewand,
Flog wieder fort so schnelle.

Sie setzt sich in ein andres Federgewand
Und folgt ihm auf der Stelle.

Er flog wohl auf, er flog wohl ab
In der weiten Wolkenhöhe;
Sie flog beständig hinter ihm drein,
Blieb immer in seiner Nähe.

»Kehrt um, stolze Jungfrau Adelutz,
Müsst wieder nach Hause fliegen;
Eure Saaltür ließet ihr offen steh«.
Eure Schlüssel zur Erde liegen.«

»Lass' meine Saaltür offen stehn,
Meine Schlüssel liegen zur Erde;
Wo Ihr empfangen habt Eu'r Leid,
Dahin ich Euch folgen werde.«

Er flog wohl ab, er flog wohl auf,
Die Wolken hingen so dichte,
Es brach herein die Dämmerung,
Sie verlor ihn aus dem Gesichte.

Alle die Vögel, die sie im Fluge traf,
Die schnitt sie da in Stücken;
Nur dem wilden hässlichen Raben zu nahn,
Das wollt' ihr nicht gelücken.

Die stolze Jungfrau Adelutz,
Herunter flog zum Strand sie;
Sie fand nicht German, den fröhlichen Held,
Seine rechte Hand nur fand sie.

Da schwang sie sich wieder erzürnt empor,
Zu treffen den wilden Raben,
Sie flog gen Westen, gen Osten sie flog,
Von ihr selbst den Tod sollt' er haben.

Alle die Vögel, die kamen vor ihre Scher',
Hat sie in Stücken zerschnitten;

Und als sie den wilden Nachtraben traf,
Sie schnitt ihn entzwei in der Mitten.

Sie schnitt ihn und zerrt ihn, so lang bis sie selbst
Des müden Todes gestorben.
Sie hat um German, den fröhlichen Held,
So viel Kummer und Not erworben.

Höchst bedeutungsvoll ist in diesem Liede nicht bloß die Erwähnung des Federgewandes, sondern das Fliegen selbst. Zur Zeit des Heidentums waren es Königinnen und edle Frauen, von welchen man sagte, dass sie in den Lüften zu fliegen verstünden, und diese Zauberkunst, die damals für etwas Ehrenwertes galt, wurde später in christlicher Zeit als eine Abscheulichkeit des Hexenwesens dargestellt. Der Volksglaube von den Luftfahrten der Hexen ist eine Travestie alter germanischer Traditionen und verdankt seine Entstehung keineswegs dem Christentum, wie man aus einer Bibelstelle, wo Satan unseren Heiland durch die Lüfte führt, irrtümlich vermutet hat. Jene Bibelstelle könnte allenfalls zur Justifikation des Volksglaubens dienen, indem dadurch bewiesen ward, dass der Teufel wirklich im Stande sei, die Menschen durch die Luft zu tragen. [30]

Die Schwanenjungfrauen, von welchen ich geredet, halten Manche für die Walküren der Skandinavier. Auch von Diesen haben sich bedeutsame Spuren im Volksglauben erhalten. Sie sind weibliche Wesen, die mit weißen Flügeln die Luft durchschneiden, gewöhnlich am Vorabend einer Schlacht, deren Ausgang sie durch ihre geheime Entscheidung bestimmen. Sie pflegen auch den Helden auf einsamen Waldwegen zu erscheinen, und ihnen den Sieg oder die Niederlage vorherzusagen. Man liest im Prätorius:

Es hat sich dermaleinst begeben, dass König Hother in Dänemark und Schweden, da er auf der Jagd in einem Nebel von den Seinen zu weit abgeritten, zu solchen Jungfrauen sei kommen, die haben ihn gekannt, mit Namen genennet und angesprochen. Und als er gefragt, wer sie wären, haben sie zur Antwort gegeben, sie wären Die, in deren Hand der Sieg stünde im Krieg wider die Feinde, sie wären allezeit im Kriege mit und hülfen streiten, ob man sie gleich mit Augen nicht sehe; wem sie nun den Sieg gönnten, der schlüge und überwinde seine Feinde, und behielte den Sieg und das Feld, und könnte ihm der Feind nicht schaden. Wie sie Solches zu ihm geredet, sind sie bald mit ihrem Hause und Tempel vor seinen Augen verschwunden, dass der König da allein gestanden ist im weiten Felde, unter offenem Himmel.

Der wesentliche Inhalt dieser Geschichte erinnert uns an die Hexen, die Shakespeare in seinem Macbeth auftreten lässt, und die in der alten Sage, welche der Dichter fast umständlich benutzt hat, weit edler, als sonst wohl die Hexen, geschildert werden.

Nach dieser Sage sind gleichfalls dem Helden im Walde, kurz vor der Schlacht, drei rätselhafte Jungfrauen begegnet, die ihm sein Schicksal voraussagten und spurlos verschwanden. Es waren Walküren oder gar die Nornen, die Parzen des Nordens. An Diese mahnen auch die drei wunderlichen Spinnerinnen, die uns aus alten Ammenmärchen bekannt sind; die Eine hat einen Plattfuß, die Andere einen breiten Daumen, und die Dritte eine Hängelippe. Hieran erkennt man sie immer, sie mögen sich verjüngt oder verältert präsentieren. [31] Ich teile die lieblichste Version dieses Märchens nach dem Grimm'schen Buche mit.

Es war ein Mädchen faul und wollte nicht spinnen, und die Mutter mochte sagen, was sie wollte, sie konnte es nicht dazu bringen. Endlich übernahm die Mutter einmal Zorn und Ungeduld, dass sie ihm Schläge gab, worüber es laut zu weinen anfing. Nun fuhr grade die Königin vorbei, und als sie das Weinen horte, ließ sie anhalten, trat in das Haus und fragte die Mutter, warum sie ihre Tochter schlüge, dass man draußen aus der Straße das Schreien hörte. Da schämte sich die Frau, dass sie die Faulheit ihrer Tochter offenbaren sollte und sprach: »Ich kann sie nicht vom Spinnen abbringen, sie will immer und ewig spinnen, und ich bin arm und kann den Flachs nicht herbeischaffen.« Da antwortete die Königin: »Ich höre Nichts lieber als Spinnen, und bin nicht vergnügter als wenn die Räder schnurren; gebt mir Eure Tochter mit ins Schloss, ich habe Flachs genug, da soll sie spinnen, so viel sie Lust hat.« Die Mutter war's von Herzen gerne zufrieden, und die Königin nahm das Mädchen mit. Als sie ins Schloss gekommen waren, führte sie es hinauf zu drei Kammern, die lagen von unten bis oben voll vom schönsten Flachs. »Nun spinn mir diesen Flachs,« sprach sie, und wenn du es fertig bringst, so sollst du meinen ältesten Sohn zum Gemahl haben; bist du gleich arm, so acht' ich nicht darauf, dein unverdrossener Fleiß ist Ausstattung genug.« Das Mädchen erschrak innerlich, denn es konnte den Flachs nicht spinnen, und wär's dreihundert Jahr' alt geworden, und hätte jeden Tag von Morgen bis Abend dabei gesessen. Als es nun allein war, fing es an zu weinen, und saß so drei Tage, ohne die Hand zu rühren. Am dritten Tage kam die Königin, und als sie sah, dass noch Nichts gesponnen war, verwunderte sie sich, aber das Mädchen entschuldigte sich damit, dass es vor großer Betrübnis über die Entfernung aus seiner Mutter Hause noch nicht hätte anfangen können. Das ließ sich die Königin gefallen, sagte aber beim Weggehen: »Morgen musst du mir anfangen zu arbeiten.«

Als das Mädchen wieder allein war, wusste es sich nicht mehr zu raten und zu helfen, und trat in seiner Betrübnis vor das Fenster. Da sah es drei Weiber herkommen, davon hatte die Erste einen breiten Platschfuß, die Zweite hatte eine so große Unterlippe, dass sie über das Kinn herunterhing, und die Dritte hatte einen breiten Daumen. Die blieben vor dem Fenster stehen, schauten hinauf und fragten das Mädchen, was ihm fehlte. Es klagte ihnen seine Not, da trugen sie ihm ihre Hilfe an und sprachen: »Willst du uns zur Hochzeit einladen, dich unser nicht schämen und uns deine Basen heißen, auch an deinen Tisch setzen, so wollen wir dir den Flachs wegspinnen, und Das in kurzer Zeit.« »Von Herzen gern,« antwortete es; »kommt nur herein und fangt gleich die Arbeit an.« Da ließ es die drei seltsamen Weiber herein und machte in der ersten Kammer eine Lücke, wo sie sich hinsetzten und ihr Spinnen anhuben. Die Eine zog den Faden und trat das Rad, die Andere netzte den Faden, die Dritte drehte ihn und schlug mit dem Finger auf den Tisch, und so oft sie schlug, fiel eine Zahl Garn zur Erde, und das war aufs feinste gesponnen. Vor der Königin verbarg sie die drei Spinnerinnen, und zeigte ihr, so oft sie kam, die Menge des gesponnenen Garns, dass Diese des Lobes kein Ende fand. Als die erste Kammer leer war, ging's an die zweite, endlich an die dritte, und die war auch bald aufgeräumt. Nun nahmen die drei Weiber Abschied und sagten zum Mädchen: »Vergiss nicht, was du uns versprochen hast, es wird dein Glück sein.«

Als das Mädchen der Königin die leeren Kammern und den großen Haufen Garn zeigte, richtete sie die Hochzeit aus, und der Bräutigam freute sich, dass er eine so geschickte und fleißige Frau bekäme, und lobte sie gewaltig. »Ich habe drei Basen,« sprach das Mädchen, »und da sie mir viel Gutes getan haben, so wollte ich sie nicht gern in meinem Glücke vergessen; erlaubt doch, dass ich sie zu der Hochzeit einlade, und dass sie mit an dem Tisch sitzen.«

Die Königin und der Bräutigam sprachen: »Warum sollen wir Das nicht erlauben?« Als nun das Fest anhub, traten die drei Jungfrauen in wunderlicher Tracht herein, und die Braut sprach: »Seid willkommen, liebe Basen!« »Ach,« sagte der Bräutigam, »wie kommst du zu der garstigen Freundschaft?« Darauf ging er zu der Einen mit dem breiten Platschfuß und fragte: »Wovon habt Ihr einen solchen breiten Fuß?« »Vom Treten,« antwortete sie, »vom Treten.« Da ging der Bräutigam zur Zweiten und sprach: »Wovon habt Ihr nur die herunterhängende Lippe?« »Vom Lecken,« antwortete sie, »vom Lecken.« Da fragte er die Dritte: »Wovon habt Ihr den breiten Daumen?« »Vom Fadendrehen,« antwortete sie, »vom Fadendrehen.« Da erschrak der Königssohn und sprach: »So soll mir nun und nimmermehr meine schöne Braut ein Spinnrad anrühren.« Damit war sie das böse Flachsspinnen los.

Und die Moral? Die Franzosen, denen ich dies Märchen erzählt habe, fragten mich immer nach der Moral davon. Meine Freunde, Das eben ist der Unterschied zwischen euch und uns. Wir fragen nur im wirklichen Leben, nicht aber bei den Schöpfungen der Poesie, nach der Moral. Ihr könnt jedenfalls aus dieser Geschichte lernen, wie man seinen Flachs von Andern spinnen lassen und doch Prinzessin werden kann. Es ist hübsch von der Amme, frühzeitig den Kindern zu bekennen, dass es noch etwas Wirksameres als die Arbeit gibt, nämlich das Glück. Man erzählt bei uns häufig die Sage von Kindern, die in einer Glückshaut geboren sind, und denen später Alles in der Welt gelingt. Der Glaube an das Glück, als ein angeborenes oder zufällig gewährtes, ist von heidnischem Ursprung und kontrastiert anmutig mit den christlichen Vorstellungen, wonach Leiden und Entbehrungen als die höchste Gunst des Himmels betrachtet werden.

Die Aufgabe, das Endziel des Heidentums war die Erreichung des Glücks. Der griechische Held nennt es das goldene Vlies, der deutsche den Nibelungenhort. Die Aufgabe des Christentums war im Gegenteil die Entsagung, und seine Helden erlitten die Qualen des Märtyrertums; sie luden sich selber das Kreuz auf, und ihr großartigster Kampf trug ihnen immer nur den Gewinn eines Grabes ein.

Man wird sich freilich erinnern, dass das goldene Vlies und der Nibelungenhort ihren Besitzern großes Leid gebracht haben. Allein es war eben der Irrtum dieser Helden, dass sie das Gold für das Glück hielten. In der Hauptsache jedoch hatten sie Recht. Der

Mensch soll das Glück auf dieser Erde erstreben, das süße Glück und nicht das Kreuz... Ach, er mag warten, bis er auf den Kirchhof kommt; dann wird man es ihm schon auf die Gruft setzen, das Kreuz! [32]

Ich kann nicht umhin, hier eines Märchens zu erwähnen, als dessen Schauplatz mir die rheinische Heimat wieder recht blühend und lachend ins Gedächtnis tritt. Auch hier erscheinen drei Frauen, von welchen ich nicht bestimmen kann, ob sie Elementargeister sind oder Zauberinnen, nämlich Zauberinnen von der altheidnischen Observanz, die sich von der späteren Hexenschwesterschaft durch poetischen Anstand so sehr unterscheiden. Ganz genau habe ich die Geschichte nicht im Kopfe; wenn ich nicht irre, wird sie in Schreiber's rheinischen Sagen aufs umständlichste erzählt. Es ist die Sage vom Wispertale, welches unweit Lorch am Rheine gelegen ist. Dieses Tal führt seinen Namen von den wispernden Stimmen, die Einem dort am Ohre vorbeipfeifen und an ein gewisses heimliches Pst! Pst! erinnern, das man zur Abendzeit in gewissen Seitengässchen einer Hauptstadt zu vernehmen pflegt. Durch dieses Wispertal wanderten eines Tages drei junge Gesellen, sehr froh gelaunt und höchst neugierig, was doch das beständige Pst! Pst! bedeuten möge. Der Ältere und Gescheiteste von ihnen, ein Schwertfeger seines Handwerks, rief endlich ganz laut: Das sind Stimmen von Weibern, die gewiss so hässlich sind, dass sie sich nicht zeigen dürfen! Er hatte kaum die herausfordernd schlauen Worte gesprochen, da standen plötzlich drei wunderschöne Jungfrauen vor ihm, die ihn und seine zwei Gefährten mit anmutiger Gebärde einluden, sich in ihrem Schlosse von den Mühseligkeiten der Reise zu erholen und sonstig zu erlustigen. Dieses schloss, welches sich ganz in ihrer Nähe befand, hatten die jungen Gesellen vorher gar nicht bemerkt, vielleicht weil es nicht frei aufgebaut, sondern in einen Felsen ausgehauen war, so dass nur die kleinen Spitzbogenfenster und ein großer Torweg von außen sichtbar. Als sie hineintraten in das Schloss, wunderten sie sich nicht wenig über die Pracht, die ihnen von allen Seiten entgegenglänzte. Die drei Jungfrauen, welche es ganz allein zu bewohnen schienen, gaben ihnen dort ein köstliches Gastmahl, wobei sie ihnen selber den Weinbecher kredenzten. Die jungen Gesellen, denen das Herz in der Brust immer freudiger lachte, hatten nie so schone, blühende und liebreizende Weibsbilder gesehen, und sie verlobten sich denselben mit vielen bren-

nenden Küssen. Am dritten Tage sprachen die Jungfrauen: Wenn
ihr immer mit uns leben wollt, ihr holden Bräutigame, so müsst
ihr vorher noch einmal in den Wald gehen und euch erkundigen,
was die Vögel dort singen und sagen; sobald ihr dem Sperling, der
Elster und der Eule ihre Sprüche abgelauscht und sie wohlver-
standen habt, dann kommt wieder zurück in unsere Arme.

Die drei Gesellen begaben sich hierauf in den Wald, und nachdem
sie sich durch Gestrüpp und Krüppelholz den Weg gebahnt, an
manchem Dorne sich geritzt, auch über manche Wurzel gestol-
pert, kamen sie zu dem Baume, worauf ein Sperling saß, welcher
folgenden Spruch zwitscherte:

Es sind mal drei dumme Hänse
Ins Schlaraffenland gezogen;
Da kamen die gebratenen Gänse
Ihnen just vors Maul geflogen.

Sie aber sprachen: Die armen Schlaraffen,
Sie wissen doch nichts Gescheites zu schaffen,
Die Gänse müssten viel kleiner sein,
Sie gehn uns ja nicht ins Maul hinein.

Ja, ja, rief der Schwertfeger, Das ist eine ganz richtige Bemer-
kung! Ja, ja, wenn der lieben Dummheit die gebratenen Gänse
sogar vors Maul geflogen kommen, so fruchtet es ihr doch Nichts!
Ihr Maul ist zu klein und die Gänse sind zu groß, und sie weiß
sich nicht zu helfen!

Nachdem die drei Gesellen weiter gewandert, sich durch Ge-
strüpp und Krüppelholz den Weg gebahnt, an manchem Dorne
sich geritzt, über manche Wurzel gestolpert, kamen sie zu einem
Baume, auf dessen Zweigen eine Elster hin- und hersprang und
folgenden Spruch plapperte: Meine Mutter war eine Elster, meine
Großmutter war ebenfalls eine Elster, meine Urgroßmutter war
wieder eine Elster, auch meine Ur-Urgroßmutter war eine Elster,
und wenn meine Ur-Urgroßmutter nicht gestorben wär', so lebte
sie noch.

Ja, ja, rief der Schwertfeger, Das verstehe ich! Das ist ja die all-
gemeine Weltgeschichte. Das ist am Ende der Inbegriff aller unse-
rer Forschungen, und Viel mehr werden die Menschen auf dieser
Welt nimmermehr erfahren.

Nachdem die drei Gesellen wieder weiter gewandert, durch Gestrüpp und Krüppelholz sich den Weg gebahnt, an manchem Dorne sich geritzt, über manche Wurzel gestolpert, kamen sie zu einem Baume, in dessen Höhlung eine Eule saß, die folgenden Spruch vor sich hin murrte: Wer mit einem Weibe spricht, Der wird von einem Weibe betrogen, wer mit zwei Weibern spricht, Der wird von zwei betrogen, und wer mit drei Weibern spricht, Der wird von drei betrogen.

Holla! rief zornig der Schwertfeger, du hässlicher, armseliger Vogel mit deiner hässlichen, armseligen Weisheit, die man von jedem bucklichten Bettler für einen Pfennig kaufen könnte! Das ist alter, abgestandener Leumund. Du würdest die Weiber weit besser beurteilen, wenn du hübsch und lustig wärest wie wir, oder wenn du gar unsere Bräute kenntest, die so schön sind wie die Sonne und so treu wie Gold!

Hierauf machten sich die drei Gesellen auf den Rückweg, und nachdem sie, lustig pfeifend und trillernd, einige Zeit lang gewandert, befanden sie sich wieder Angesichts des Felsenschlosses, und mit ausgelassener Fröhlichkeit sangen sie das Schelmenlied:

Riegel auf, Riegel zu,
Feins Liebchen, was machst du?
Schläfst du oder wachst du?
Weinst du oder lachst du?

Während nun die jungen Gesellen solchermaßen jubilierend vor dem Schlosstore standen, öffneten sich über demselben drei Fensterchen, und aus jedem guckte ein altes Mütterchen heraus; alle drei langnasig und triefäugig, wackelten sie vergnügt mit ihren greisen Köpfen, und sie öffneten ihre zahnlosen Mäuler und sie kreischten: Da unten sind ja unsere holden Bräutigame! Wartet nur, ihr holden Bräutigame, wir werden euch gleich das Tor öffnen und euch mit Küssen bewillkommnen, und ihr sollt jetzt das Lebensglück genießen in den Armen der Liebe!

Die jungen Gesellen, zu Tode bestürzt, warteten nicht so lange, bis die Pforten des Schlosses und die Arme ihrer Bräutchen und das Lebensglück, das sie darin genießen sollten, sich ihnen öffneten; sie nahmen auf der Stelle Reißaus, liefen über Hals und über Kopf, und machten so lange Beine, dass sie noch desselben Tags in der Stadt Lorch anlangten. Als sie hier des Abends in der

Schenke beim Weine saßen, mussten sie manchen Schoppen leeren, ehe sie sich von ihrem Schrecken ganz erholt. Der Schwertfeger aber fluchte hoch und teuer, dass die Eule der klügste Vogel der Welt sei und mit Recht für ein Sinnbild der Weisheit gelte.

Ich habe diese Erzählung dem Märchen von den drei Spinnerinnen angereiht. Nach der Meinung einiger gelehrten Hellenisten sind Letztere die drei Parzen; allein unsere patriotischen Altertumsforscher, welche für Alles, was nach klassischen Studien aussieht, wenig eingenommen sind, vindizieren diese drei Frauen der skandinavischen Mythologie und behaupten, es seien die drei Nornen. Diese beiden Hypothesen könnten auch auf die drei Frauen des Wispertals Anwendung finden. Es ist schwierig, das Wesen der skandinavischen Nornen genau zu bestimmen. Man kann sie für Eins und Dasselbe mit den Walküren halten, von denen ich schon gesprochen. Die Sagas der isländischen Dichter erzählen uns von diesen Walküren die wunderbarsten Dinge. Bald reiten sie in den Lüften über dem Getümmel der Schlacht, deren Loos sie entscheiden; bald sind sie Amazonen, welche Schildjungfrauen genannt werden und für ihre Liebhaber kämpfen; bald erscheinen sie unter der Gestalt jener Schwanenjungfrauen, von denen ich oben einige Züge mitgeteilt. Es herrscht in diesen Traditionen eine Verworrenheit, die so neblicht ist wie der Himmel des Nordens. Eine derartige Walküre war die starke Sigrun; in der Saga, die von ihr redet, finden wir eine rührende Episode, die an Bürger's »Lenore« erinnert. Aber Letztere erscheint matt im Vergleich mit der Heldin des skandinavischen Gedichtes. Ich gebe nachstehend einen Auszug dieser Saga.

König Sigmund, der Sohn Wölsung's, hatte Borghild von Bralund zur Gemahlin, und sie nannten ihren Sohn Helgi, nach Helgi, dem Sohne Sorward's. Sigmund und die Mannen seines Geschlechts nannten sich Wölsungen. – Hunding war der König eines reichen Landes, das nach ihm Hundland hieß; er war ein großer Krieger und der Vater zahlreicher Söhne, die zum Kampf ausgezogen. Der König Hunding und der König Sigmund lebten miteinander in Feindschaft und Krieg, und töteten einander gegenseitig ihre Freunde,– Granmar war der Name eines mächtigen Königs, der auf einer Anhöhe, Swarinshöh genannt, residierte; er hatte viele Söhne, von welchen der Eine Hodbrodd, der Andere Gudmund und der Dritte Starkoddr hieß. Hodbrodd wohnte der Königsversammlung bei, und ward mit Sigrun, der Tochter Högni's, verlobt. Als aber Diese hievon Kunde erhielt, schwang sie sich mit den Walküren aufs Ross, und durchschweifte die Lüfte und das Meer, um Helgi aufzusuchen. Helgi befand sich damals zu Logafjäll; er hatte gegen Hunding's Söhne gekämpft, hatte Alf, Eiolf, Hagbard und Herward getötet, und ermüdet von der Schlacht ruhte er unter der Adlerklippe aus. Dort fand ihn Sigrun; sie fiel ihm um den Hals, umarmte ihn (unter ihrem Helm) und sprach: »Mein Vater hat mich mit dem bösen Sohne Granmar's verlobt, aber ich habe ihn tapfer wie den Sohn einer Katze genannt. In wenigen Nächten wird der Fürst kommen, wenn du ihn nicht auf das Schlachtfeld lockst, und die Königstochter entführst.« Da fühlte sich der Held von Liebe zu der Jungfrau ergriffen; aber Sigrun hatte den Sohn Sigmund's schon leidenschaftlich geliebt, bevor sie ihn gesehen. Die Tochter Högni's folgte daher ihrem Herzen, indem sie sagte, dass sie Helgi's Liebe bedürfe. »Aber,« fuhr Sigrun fort, »ich sehe, o Prinz, den Zorn der Freunde unseres Hauses voraus, weil ich den liebsten Wunsch meines Vaters vereitelt habe.« Helgi antwortete: »Kümmere dich nicht um den Zorn Högni's, noch um den Groll deines Stammes; du wirst bei mir wohnen, Jungfrau; du bist, wie ich sehe, von edler Herkunft.« Helgi versammelte eine große Zahl Krieger und hieß sie zu Schiff steigen, und fuhr mit ihnen gen Frekastein; auf dem Meere wurden sie von einem heftigen Sturm überfallen, der sie in Lebensgefahr brachte, die Blitze zuckten rings am Himmel, der Strahl fuhr hinab und traf ihre Schiffe. Da sahen sie neun Walküren in den Lüften reiten, und sie erkannten Sigrun; bald legte sich das Unwetter, und sie erreichten wohlbehalten das Ufer. Die Söhne Granmar's lagerten auf einem Berge, als die Schiffe ans Land kamen. Gudmund warf sich auf sein Pferd und ritt zum Meere hinab, um die Ankömmlinge in Augenschein zu nehmen. Da zogen die Wölsungen ihre Segel auf, und Gudmund frug: »Wer ist der König, der über diese Flotte gebeut und dies furchtbare Heer in unser Land führt?« Der Sohn Sigmund's antwortete ihm stolz und herausfordernd, und Gudmund kehrte mit der Kriegsbotschaft zurück. Alsbald sammelten die Söhne Granmar's ein Heer, in welchem sich viele Könige befanden, sowie auch Högni, der Vater Sigrun's, und seine Söhne Bragi und Dag. Und es kam zu einer großen Schlacht, in der alle Söhne Granmar's und alle ihre Heeresobersten fielen, ausgenommen Dag, den Sohn Högni's, welcher Frieden schloss und den Wölsungen Treue schwor. Sigrun ging über das Schlachtfeld und fand Hodbrodd, der im

Sterben lag. Sie sprach: »Niemals, o König Hodbrodd, wirb Sigrun von Sewafjäll in deinen Armen ruhn; dein Leben ist verfallen. Bald wird die Wolfstatze die Söhne Granmar's zerfleischen.« Dann ging sie wieder zu Helgi und war voller Freude; der junge Krieger sprach zu ihr: »Leider, o Alwitr (die Allwissende, einer der Namen, die man den Walküren gab), leider ist nicht Alles nach deinen Wünschen gegangen, aber die Nornen lenken unsre Schicksale; Bragi und Högni sind heute Morgen bei Frekastein gefallen – ich war ihr Mörder. Und Starkoddr fiel bei Styrkleif, und bei Hlebjorg fielen Hrollang's Sohne; der Eine von ihnen war der grimmste Held, den ich jemals gesehen; als sein Kopf abgehauen war, kämpfte noch immer sein Leib. Fast dein ganzes Geschlecht liegt jetzt am Boden, verwundet und tot; du hast in dieser Schlacht Nichts gewonnen; es war dir vorherbestimmt, nur durch Kämpfe die Erfüllung deiner Wünsche zu erreichen.« Da vergoss Sigrun Tränen, und Helgi sprach: »Tröste dich, Sigrun, du warst unsere Hilde (eine Kriegsgöttin, die zum Kampf anfeuerte); die Könige selbst entgehen nicht ihrem Schicksal!« Sie antwortete: »Ach, könnte ich Die, welche tot sind, wieder beleben, zugleich aber in deinen Armen ruhn!« Helgi nahm Sigrun zum Weibe, und sie schenkte ihm Söhne. Helgi lebte nicht lange. Dag, der Sohn Högni's, brachte Odin Opfer dar und bat ihn um Beistand, seinen Vater zu rächen, und Odin lieh ihm seine furchtbare Lanze. Dag fand seinen Schwager in der Gegend, welche Fjöturland heißt, und er durchbohrte ihn mit der Lanze Odin's. So fiel Helgi; aber Dag ritt sofort nach Sewafjäll und brachte Sigrun die Nachricht von dem Tode ihres geliebten Helden. »Meine Schwester, ich bin genötigt, dir eine traurige Botschaft zu verkünden. Ich muss dich Tränen vergießen machen; ein König ist heute Morgen in Fjöturland gefallen, ein König, welcher der beste von allen auf Erden war, und dessen Haupt hoch über dem der tapfersten Krieger emporragte.« Sigrun rief aus: »Möge dein Herz durchbohrt werden von allen Eiden, die du Helgi bei der Lichtwelle Leiptr's (der Fluß der Unterwelt) und bei der Eisklippe geschworen hast, die von seinen Wassern bespült wird! Möge nie ein Schiff unter dir dahingleiten, das ein günstiger Wind treibt; möge nie ein Schlachtross dich forttragen, würdest du auch von deinen grausamsten Feinden verfolgt! Möge das Schwert, das du schwingst, seine Schneide verlieren, wenn es dir nicht selbst um das Haupt pfeift! O, könntest du, um den Tod Helgi's an dir gerächt zu sehn, in einen Wolf verwandelt werden und im Walde leben, jedes Guts, jeder Freude und jeder Nahrung beraubt, wenn du nicht zwischen Leichen umherspringst!« Dag erwiderte: »Du rasest, meine Schwester, und es ist Wahnsinn, deinem Bruder zu fluchen. Odin allein war Ursache all dieses Unglücks; er warf Zwietrachtsrunen zwischen die nächsten Verwandten. Dein Bruder bietet dir jetzt die roten Ringe der Versöhnung, er bietet dir alles Land von Wlandilswe und Wigdali; nimm, o Weib mit den Ringen geschmückt, nimm für dich und deinen Sohn die Hälfte des Reiches zum Ersatz für deinen Schmerz!« Sigrun sprach: »Nimmer werde ich glücklich in Sewafjäll thronen, noch mich des Lebens erfreuen bei Nacht oder bei Tag, wenn der Glanz meines Helden nicht an der Pforte des Grabes erscheint, und wenn das Streitross meines Königs, Wigblör mit den goldenen Zügeln, sich nicht unter ihm bäumt, auf dass ich ihn erfassen und ihn in meine Arme drücken kann. So erschreckt flohen vor Helgi alle seine Feinde und ihre Freunde, wie vor dem Wolf die aufgescheuchten Bergziegen entfliehen. So hoch ragte Helgi unter den Helden hervor, wie die Edelesche unter den Brombeeren hervorragt, oder wie der taubenetzte Damhirsch alle anderen Tiere übertrifft und seine glänzenden Hörner gen Himmel erhebt!«

Ein Grabhügel ward über Helgi errichtet; und als er nach Walhall kam, bot ihm Odin an, mit ihm seine Herrschaft über das Weltall zu teilen. Und Helgi sprach, Hunding erblickend: »Du, Hunding, wirst alle Tage, bevor du zu Bette gehst, jedem Manne sein Fußbad bereiten, du wirst das Feuer anzünden, die Hunde koppeln, die Pferde besorgen und den Schweinen ihr Futter geben!«

Die Magd Sigrun's ging Abends am Grabhügel Helgi's vorüber, und siehe, sie sah Helgi mit einem zahlreichen Gefolge von Kriegern die Höhe hinanreiten. Die Magd sagte: »Sind es nur Trugbilder, die meinen Augen erscheinen, oder ist das Ende der Welt da? Tote Männer kommen geritten; mit den Sporen treibt ihr eure Streitrosse an. Ist die Rückkehr den Helden gewährt?«

Helgi sprach: »Es sind keine Trugbilder, die deinen Augen erscheinen, und das Ende der Welt ist auch noch nicht da, obgleich du uns siehst und wir mit den Sporen unsere Streitrosse antreiben, aber die Rückkehr ist den Helden gewährt.« Die Magd ging eilig nach Hause und sprach zu Sigrun: »Geh auf den Hügel, Sigrun von Sewafjäll, wenn es dich verlangt, den Fürsten der Völker zu finden; das Grab hat sich geöffnet, Helgi ist gekommen, seine Wunden bluten; er ladet dich ein, sie zu stillen und sie zu heilen. Sigrun eilte zum Hügel, trat zu Helgi und sprach: »Wie froh bin ich, dich wiederzusehn! so froh wie Odins fressgierige Geier, wenn sie den Geruch von Leichnamen wittern, oder, von Tau befeuchtet, die Morgenröte heraufsteigen sehn. Zuerst will ich dich umarmen, toter König, ehe du dein blutiges Panzerhemd ablegst. O Helgi, dein Haar ist weiß geworden vom Reif, du bist überall von dem Tau der Toten (das Blut) bedeckt, und deine Hände sind kalt wie Eis. Wie vermag ich, o König, deinen Leiden Linderung zu verschaffen?« Helgi antwortete: »Du allein, Sigrun von Sewafjäll, bist Ursache, dass Helgi vom Tau des Unglücks benetzt ist; allabendlich, ehe du einschläfst, o Königin mit Gold und Edelsteinen geschmückt, vergießest du lange Zeit bittere Tränen. Jede deiner Tränen ist blutend auf meine Brust gefallen, auf meine eisige und schmerzzerschlagene Brust! Aber wir trinken noch mit einander den Saft der Wonnen, wenn wir auch jede Freude und jegliches Gut verloren; ja, dass Niemand ein Trauerlied anstimme, wenn er auch klaffende Wunden auf meiner Brust sieht! Frauen weilen jetzt bei uns im Verborgenen, Königsfrauen bei uns, den Toten!« Sigrun bereitete ein Bett in dem Hügel: »Hier ist ein Bett der Ruhe und frei von Sorgen, das ich für dich bereitet habe, o Helgi, Sohn Wölsung's! Ich will schlafen in deinen Armen, o König, wie ich es getan, als du lebtest!« Helgi sprach: »Jetzt behaupte ich, dass Nichts unglaublich ist früh oder spät in Sewafjäll, da du, hehre Tochter Högni's von königlichem Stamme, in meinen leblosen Armen ruhst, du, die noch unter den Lebenden weilet! – Aber es ist Zeit, dass ich meinen Lichtweg wieder wandle, und mein bleiches Streitross seinen Luftpfad wieder antrete, den das Morgenrot schon zu erhellen beginnt; denn ich muss westwärts von der Windhjalm-Brücke (der Regenbogen) sein, ehe Salgofuir (der Hahn) das Volk der Sieger weckt.« – Helgi und sein Gefolge ritten auf ihren Streitrossen fort, und die Frauen kehrten zu ihrer Wohnung zurück. Am folgenden Tag gegen Abend ließ Sigrun ihre Magd am Grabhügel Wacht halten. Aber bei Sonnenuntergang, als Sigrun zum Hügel kam, sagte sie: »Um diese Stunde würde der Sohn Sigmund's von Odin's Hallen gekommen sein, wenn er heute zu kommen gedächte. Meine Hoffnung erlischt, den Helden wieder erscheinen zu sehn, denn die Adler lassen sich schon nieder auf den Zweigen der Esche, und alle Welt beeilt sich, in das Reich der Träume einzugehn.« Die Magd erwiderte: »Sei nicht so tollkühn, o Tochter der Skjoldunger, dich allein in die

Wohnungen der Geister zu begeben; in der Nacht sind die Toten mächtiger als in der Helle des Tages.« – Sigrun lebte nicht lange in Leid und in Gram.

Hier endigt die Sage, aber der Erzähler fügt auf eigene Verantwortung die Worte hinzu:

Es herrschte in alten Zeiten der Glaube an die Wiedergeburt der Menschen; allein in unseren Tagen nennt man Das ein Ammenmärchen. Man berichtet von Helgi und Sigrun, dass sie zum zweiten Mal lebten; er hieß nachmals Helgi, der Held von Haddjugia, und Sigrun hieß Kara, die Tochter Halfdan's, und sie war eine Walküre.

Ich gebe noch den Anfang einer andern skandinavischen Sage, die Wölundurs-Saga genannt, weil daraus ein recht deutlicher Beweis der Verwandtschaft oder gar der Identität der Walküren mit den drei Spinnerinnen und den Schwanenjungfrauen hervorzugehen scheint, von denen ich vorhin gesprochen. Es heißt dort:

Nidhudur war der Name eines Königs in Swithiod (Schweden); er war der Vater zweier Söhne und einer Tochter, namens Baudwildur. – Und er hatte in Finnland drei Brüder, Söhne des Königs in diesem Lande, von denen der älteste Slagfidr, der zweite Egil und der dritte Wölundur hieß; sie zogen aus, ihre Herden zu werden, und sie kamen nach Ulfdalir (das Wolfstal), wo sie sich Hütten bauten. Dort war ein See, namens Ulffjar (der Wolfssee), und am Ufer dieses Wassers fanden die Königssöhne eines Morgens zu sehr früher Stunde drei Frauen sitzen, welche Flachs spannen und ihre Schwanengewänder neben sich auf die Erde gelegt hatten. Es waren Walküren, und zwei von ihnen waren Töchter des Königs Landwer; sie hießen, die Eine Hladgur Swanhvit (Schwanenweiß) und die Andere Hervoer Alwitr (die Allwissende); aber die Dritte war Aulrun, die Tochter Kjar's von Walland. Die drei Brüder führten sie heim, und Egil nahm Aulrun, Slagfidr Swanhvit und Wölundur Alwitr zur Gemahlin. Sie blieben sieben Winter beisammen, aber im achten Jahre entflogen die Frauen, um bei Kämpfen zugegen zu sein, und sie kamen nimmer zurück. Egil zog fort, um Aulrun zu suchen, und Slagfidr suchte seine Swanhvit, aber Wölundur blieb in Ulfdalir. Er war, nach dem Bericht alter Sagen, der geschickteste Mann in seiner Kunst. Er fasste kostbare Perlen in edles Gold, und er reihte all' seine Ringe auf ein Bastseil. So erwartete er die Rückkehr seiner hehren Gemahlin. – Als Nidhudur, der König von Swithiod, erfuhr, dass Wölundur allein in Ulfdalir sei, zog er nächtlicher Weile aus mit seinen Mannen; ihre Rüstungen waren fest gefügt, und ihre Schilde glänzten im Mondenschein. Bei der Wohnung Wölundur's angelangt, überfielen sie den Königssohn und knebelten ihn während seines Schlafes, und Nidhudur führte ihn mit sich fort. U. s. w.

Ich habe in diesen Blättern immer nur flüchtig ein Thema berührt, welches zu den interessantesten Betrachtungen einen bänderreichen Stoff bieten könnte, nämlich die Art und Weise, wie das Christentum die altgermanische Religion entweder zu vertilgen oder in sich aufzunehmen suchte, und wie sich die Spuren derselben im Volksglauben erhalten haben. Wie jener Vertilgungskrieg geführt wurde, ist bekannt. Da, wo die christlichen Priester nicht durch geschickte Mirakel die Priester des Heidentums zu verdrängen vermochten, kam ihnen das Schwert der weltlichen Gewalt willfährig zu Hilfe. Die meisten Bekehrungen wurden durch christliche Prinzessinnen vollbracht, welche den heidnischen Anführer heirateten, und es gibt Jahrhunderte, wo die ganze Kirchengeschichte nur eine Heiratschronik ist. Wenn das Volk, gewohnt an den ehemaligen Naturdienst, auch nach der Bekehrung für gewisse Orte eine verjährte Ehrfurcht bewahrte, so suchte man solche Sympathie entweder für den neuen Glauben zu benutzen, oder als Antriebe des bösen Feindes zu verschreien. Bei jenen Quellen, die das Heidentum als göttlich verehrte, baute der christliche Priester sein kluges Kirchlein, und er selber segnete jetzt das Wasser und exploitierte dessen Wunderkraft. Es sind noch immer die alten lieben Brünnlein der Vorzeit, wohin das Volk wallfahrtet, und wo es gläubig seine Gesundheit schöpft, bis auf heutigen Tag. Die heiligen Eichen, die den frommen Arten widerstanden, wurden verleumdet; unter diesen Bäumen, hieß es jetzt, trieben die Teufel ihren nächtlichen Spuk und die Hexen ihre höllische Unzucht. Aber die Eiche blieb dennoch der Lieblingsbaum des deutschen Volkes, die Eiche ist noch heut zu Tage das Symbol der deutschen Nationalität selber: es ist der größte und stärkste Baum des Waldes; seine Wurzel dringt bis in die Grundtiefe der Erde; sein Wipfel, wie ein grünes Banner, flattert stolz in den Lüften; die Elfen der Poesie wohnen in seinem Stamme; die Mistel der heiligsten Weisheit rankt an seinen Ästen; nur seine Früchte sind kleinlich und ungenießbar für Menschen.

In den altdeutschen Gesetzen, vorzüglich der Alemannen, gibt's jedoch noch viele Verbote, dass man bei den Flüssen, den Bäumen und Steinen nicht seine Andacht verrichten solle, in ketzerischem Irrwahn, dass eine Gottheit darin wohne. Karl der Große wusste in seinen Kapitularien ausdrücklich befehlen, man solle nicht opfern bei Steinen, Bäumen, Flüssen; auch solle man dort keine geweihten Kerzen anzünden.

Diese drei, Steine, Bäume und Flüsse, erscheinen als Hauptmomente des germanischen Kultus, und damit korrespondiert der Glaube an Wesen, die in den Steinen wohnen, nämlich Zwerge, an Wesen, die in den Bäumen wohnen, nämlich Elfen, und an Wesen, die im Wasser wohnen, nämlich Nixen. Will man einmal systematisieren, so ist diese Art weit zweckmäßiger, als das Systematisieren nach den verschiedenen Elementen, wo man, wie Paracelsus, noch für das Feuer eine vierte Klasse Elementargeister, nämlich die Salamander, annimmt. Das Volk aber, welches immer systemlos, hat nie Etwas von Dergleichen gewusst, und ich bin überzeugt, dass der Glaube an Feuergeister nur dem Paracelsus selbst seine Entstehung verdankte. Es gibt unter dem Volke eigentlich nur die Sage von einem Tiere, welches im Feuer leben könne und Salamander heiße. Alle Knaben sind eifrige Naturforscher, und als kleiner Junge habe ich es mir mal sehr angelegen sein lassen, zu untersuchen, ob die Salamander wirklich im Feuer leben können. Als es einst meinen Schulkameraden gelungen, ein solches Tier zu fangen, hatte ich nichts Eiligeres zu tun, als dasselbe in den Ofen zu werfen, wo es erst einen weißen Schleim in die Flammen spritzte, immer leiser zischte und endlich den Geist aufgab. Dieses Tier sieht aus wie eine Eidechse, ist aber safrangelb, etwas schwarz gesprenkelt, und der weiße Saft, den es im Feuer von sich gibt, und womit es vielleicht manchmal die Flamme löscht, mag den Glauben veranlasst haben, dass es in den Flammen leben könne.

Die feurigen Männer, die des Nachts umherwandeln, sind keine Elementargeister, sondern Gespenster von verstorbenen Menschen, toten Wucherern, unbarmherzigen Amtmännern und Bösewichtern die einen Grenzstein verrückt haben. Die Irrwische sind auch keine Geister. Man weiß nicht genau, was sie sind; sie verlocken den Wanderer in Moorgrund und Sümpfe. Die Engländer nennen sie *Will with a wisp* oder wohl auch *Jack with a lantern*. Wie gesagt, eine ganze Klasse Feuergeister, wie Paracelsus sie beschreibt, kennt das Volk nicht. [33] Es spricht höchstens nur von einem einzigen Feuergeist, und Das ist kein anderer als Lucifer, Satan, der Teufel. In alten Balladen erscheint er unter dem Namen der Feuerkönig, und im Theater, wenn er auftritt oder abgeht, fehlen nie die obligaten Flammen. Da er also der einzige Feuergeist ist und uns für eine ganze Klasse solcher Geister schadlos halten muss, wollen wir ihn näher besprechen.

In der Tat, wenn der Teufel kein Feuergeist wäre, wie könnte er es dann in der Hölle aushalten? Er ist ein Wesen von so kalter Natur, dass er sogar nirgend anders als im Feuer sich behaglich fühlen kann. Über diese kalte Natur des Teufels haben sich alle die armen Frauen beklagt, die mit ihm in nähere Berührung gekommen. Merkwürdig übereinstimmend sind in dieser Hinsicht die Aussagen der Hexen, wie wir sie in den Hexenprozessen aller Lande [34] finden können. Diese Damen, die ihre fleischlichen Verbindungen mit dem Teufel eingestanden, sogar auf der Folter, erzählen immer von der Kälte seiner Umarmungen; eiskalt, klagten sie, waren die Ergüsse dieser teuflischen Zärtlichkeit. [35] Er erschien ihnen gewöhnlich im Gewand eines Höflings, mit einer roten Feder auf dem Kopfe.

Der Teufel ist kalt, selbst als Liebhaber. Aber hässlich ist er nicht; denn er kann ja jede Gestalt annehmen. Nicht selten hat er sich ja auch mit weiblichem Liebreiz bekleidet, um irgend einen frommen Klosterbruder von seinen Bußübungen abzuhalten oder gar zur sinnlichen Freude zu verlocken. Bei Anderen, die er nur schrecken wollte, erschien er in Tiergestalt, er und seine höllischen Gesellen. Besonders wenn er vergnügt ist und viel geschlemmt und gebechert hat, zeigt er sich gern als ein Vieh. Da war ein Edelmann in Sachsen, Der hatte seine Freunde eingeladen zu einem Gastmahl. Als nun der Tisch gedeckt und die Stunde der Mahlzeit gekommen und Alles zugerichtet war, fehlten ihm seine Gäste, die sich Einer nach dem Andern entschuldigen ließen. Darob zornig, entfuhren ihm die Worte: »Wenn kein Mensch kommen will, so mag der Teufel bei mir essen mit der ganzen Hölle!« und er verließ das Haus, um seinen Unmut zu verschmerzen. Mittlerweile kommen in den Hof hereingeritten große und schwarze Reiter, und heißen des Edelmanns Knecht seinen Herrn suchen, um ihm anzuzeigen, dass die zuletzt geladenen Gäste angelangt seien. Der Knecht, nach langem Suchen, findet endlich seinen Herrn, kehrt mit Diesem zurück, haben aber Beide nicht den Mut, ins Haus hineinzugehn. Denn sie hören, wie drinnen das Schlemmen, Schreien und Singen immer toller wird, und endlich sehen sie, wie die besoffenen Teufel in der Gestalt von Bären, Katzen, Böcken, Wölfen und Füchsen ans offene Fenster treten, in den Pfoten die vollen Becher oder die dampfenden Teller, und mit glänzenden Schnauzen und lachenden Zähnen heruntergrüßend.

Dass der Teufel in Gestalt eines schwarzen Bockes dem Konvente der Hexen präsidiert, ist allgemein bekannt. Welche Rolle er in dieser Gestalt zu spielen pflegte, werde ich später berichten, wenn ich von Hexen und Zauberei zu reden habe. In dem merkwürdigen Buche, worin der hochgelehrte Georgius Godelmanus über dieses letztere Thema einen wahrhaften und folgebegründeten Bericht abstattet, finde ich auch, dass der Teufel nicht selten in der Gestalt eines Mönchs erscheint. Er erzählt folgendes Beispiel:

»Als ich in der berühmten hohen Schule zu Wittenberg die Rechte studierte, gedenkt mir noch wohl, etlichemal von meinen Lehrmeistern daselbst gehört zu haben, dass vor Luther's Tür gekommen sei ein Mönch, welcher heftig an der Türe geklopft, und wie ihm der Diener auftat und fragte, was er wollte, da fraget der Münch, ob der Luther daheim wäre. Als Lutherus die Sache erfuhr, ließ er ihn herein gehen, weil er nun eine gute Weile keinen Münch gesehen hatte. Da Dieser hineinkam, sprach er, er habe etliche papistische Irrtümer, derwegen er sich gern mit ihm besprechen wollte, und er legte ihm einige Syllogismos und Schulreden für, und da sie Luther ohne Mühe auflöste, brachte er andere, die nicht so leicht aufzulösen waren, daher Lutherus, etwas bewegt, diese Worte entfahren ließ: Du machst mir viel zu schaffen, da ich doch anderes zu tun hätte! und stund sobald auf und zeigte ihm in der Bibel die Erklärung der Frage, so der Münch vorbrachte. Und als er in demselbigen Gespräche vermerkte, dass des Münchs Hände nicht ungleich wären Vogelsklauen, sprach er: Bist du nicht Der? Halt, höre zu, dieses Urteil ist Wider dich gefällt! und zeigte ihm sobald den Spruch in Genesi, dem ersten Buche Mosis: Des Weibes Samen wird der Schlange den Kopf zertreten. Da der Teufel mit diesem Spruch überwunden, ward er zornig und ging murrend davon, warf das Schreibzeug hinter den Ofen, und verbreitete einen Duft, dessen die Stube noch etliche Tage übel roch.«

In der vorstehenden Erzählung bemerkt man eine Eigentümlichkeit des Teufels, die sich schon frühe kundgab und bis auf den heutigen Tag erhalten hat. Es ist nämlich seine Disputiersucht, seine Sophistik, seine »Syllogismen.« Der Teufel versteht sich auf

Logik, und schon vor achthundert Jahren hat der Papst Sylvester, der berühmte Gerbert, Solches zu seinem Schaden erfahren. Dieser hatte nämlich, als er zu Cordoba studierte, mit Satan einen Bund geschlossen, und durch seine höllische Hilfe lernte er Geometrie, Algebra, Astronomie, Pflanzenkunde, allerlei nützliche Kunststücke, unter anderen die Kunst, Papst zu werden. In Jerusalem sollte vertragsmäßig sein Leben enden. Er hütete sich wohl hinzugehen. Als er aber einst in einer Kapelle zu Rom Messe las, kam der Teufel, um ihn abzuholen, und indem der Papst sich dagegen sträubt, beweist ihm Jener, dass die Kapelle, worin sie sich befänden, den Namen Jerusalem führe, dass die Bedingungen des alten Bündnisses erfüllt seien, und dass er ihm nun zur Hölle folgen müsse. Und der Teufel holte den Papst, indem er ihm lachend ins Ohr flüstert:

Tu non pensavi qu'io loico fossi!

(Dante, Inferno c. 28)

»Du dachtest nicht daran, dass ich ein Logiker bin!«

Der Teufel versteht Logik, er ist Meister in der Metaphysik, und mit seinen Spitzfindigkeiten und Ausdeuteleien überlistet er alle seine Verbündeten. Wenn sie nicht genau aufpassten und den Kontrakt später nachlasen, fanden sie zu ihrem Erschrecken, dass der Teufel, anstatt Jahre, nur Monate oder Wochen oder gar Tage geschrieben, und er kommt ihnen plötzlich über den Hals und beweist ihnen, dass die Frist abgelaufen. In einem der älteren Puppenspiele, welche das Satansbündnis, Schandleben und erbärmliche Ende des Doktor Faustus vorstellen, findet sich ein ähnlicher Zug. Faust, welcher vom Teufel die Befriedigung aller irdischen Genüsse begehrte, hat ihm dafür seine Seele verschrieben und sich anheischig gemacht, zur Hölle zu fahren, sobald er die dritte Mordtat begangen habe. Er hat schon zwei Menschen getötet und glaubt, ehe er zum drittenmale Jemanden umbringe, sei er dem Teufel noch nicht verfallen. Dieser aber beweist ihm, dass eben sein Teufelsbündnis, sein Seelentodschlag, als dritte Mordtat zahle, und mit dieser verdammten Logik führt er ihn zur Hölle. Wie weit Goethe in seinem Mephisto jenen Charakterzug der Sophistik exploitiert hat, kann jeder selbst beurteilen. Nichts ist ergötzlicher als die Lektüre von Teufelskontrakten, die sich aus der Zeit der Hexenprozesse erhalten haben, und worin der Kontrahent sich vorsichtig gegen alle Schikanen verklausuliert und alle Stimulationen aufs ängstlichste paraphrasiert.

Der Teufel ist ein Logiker. Er ist nicht bloß der Repräsentant der weltlichen Herrlichkeit, der Sinnenfreude, des Fleisches, er ist auch Repräsentant der menschlichen Vernunft, eben weil diese alle Rechte der Materie vindiziert; und er bildet somit den Gegensatz zu Christus, der nicht bloß den Geist, die asketische Entsinnlichung, das himmlische Heil, sondern auch den Glauben repräsentiert. Der Teufel glaubt nicht, er stützt sich nicht blindlings auf fremde Autoritäten, er will vielmehr dem eignen Denken vertrauen, er macht Gebrauch von der Vernunft! Dieses ist nun freilich etwas Entsetzliches, und mit Recht hat die römisch-katholisch-apostolische Kirche das Selbstdenken als Teufelei verdammt und den Teufel, den Repräsentanten der Vernunft, für den Vater der Lüge erklärt.

Über die Gestalt des Teufels lässt sich in der Tat nichts Genaues angeben. Die Einen behaupten, wie ich schon erwähnt, er habe gar keine bestimmte Gestalt und könne sich in jeder beliebigen Form produzieren. Dieses ist wahrscheinlich. Finde ich doch in der Dämonomagie von Horst, dass der Teufel sich sogar zu Salat machen könne. Eine sonst ehrbare Nonne, die aber ihre Ordensregeln nicht genau befolgte und sich nicht oft genug mit dem heiligen Kreuze bezeichnete, aß einmal Salat. Kaum hatte sie ihn gegessen, als sie Regungen empfand, die ihr sonst fremd waren und sich keineswegs mit ihrem Stande vertrugen. Es wurde ihr jetzt gar sonderbar zu Mut jedes Abends im Mondschein, wenn die Blumen so stark dufteten und die Nachtigallen so schmelzend und schluchzend sangen. Bald darauf machte ein angenehmer Junggeselle mit ihr Bekanntschaft. Nachdem Beide mit einander vertrauter geworden, fragte sie der schöne Jüngling einmal: »Weißt du denn auch, wer ich bin?« Nein, sagte die Nonne mit einiger Bestürzung. »Ich bin der Teufel,« erwiderte Jener. »Erinnerst du dich nicht jenes Salates? Der Salat Das war ich!«

Manche behaupten, der Teufel sehe immer wie ein Tier aus, und es sei nur eitel Täuschung, wenn wir ihn in einer anderen Gestalt erblicken. Etwas Zynisches hat der Teufel freilich, und diesen Charakterzug hat Niemand besser beleuchtet wie unser Dichter Wolfgang Goethe. Ein anderer deutscher Schriftsteller, der in seinen Mängeln eben so großartig ist wie in seinen Vorzügen, jedenfalls aber zu den Dichtern ersten Ranges gezählt werden muss, Herr Grabbe, hat den Teufel in jener Beziehung ebenfalls vortrefflich gezeichnet. Auch die Kälte in der Natur des Teufels hat er ganz richtig begriffen. In einem Drama dieses genialen Schriftstellers erscheint der Teufel auf Erden, weil seine Mutter in der Hölle schruppt; Letzteres ist eine bei uns gebräuchliche Art, die Zimmer zu reinigen, wobei das Estrich mit heißem Wasser übergossen und mit einem groben Tuche gerieben wird, so dass ein quiekender Misston und lauwarmer Dampf entsteht, der es einem vernünftigen Wesen unmöglich macht, unterdessen zu Hause zu bleiben; der Teufel muss deshalb aus der wohlgeheizten Hölle sich in die kalte Oberwelt hinaufflüchten, und hier, obgleich es ein heißer Juliustag ist, empfindet der arme Teufel dennoch einen so großen Frost, dass er fast erfriert, und nur mit ärztlicher Hilfe aus dieser Erstarrung gerettet wird.

Wir sahen eben, dass der Teufel eine Mutter hat; Viele behaupten, er habe eigentlich nur eine Großmutter. Auch Diese kommt zuweilen zur Oberwelt, und auf sie bezieht sich vielleicht das Sprichwort: Wo der Teufel selbst Nichts ausrichten kann, da schickt er ein altes Weib. Gewöhnlich aber ist sie in der Hölle mit der Küche beschäftigt, oder sitzt in ihrem roten Lehnsessel, und wenn der Teufel des Abends, müde von den Tagesgeschäften, nach Hause kommt, frisst er in schlingender Hast, was ihm die Mutter gekocht hat, und dann legt er seinen Kopf in ihren Schoß, und lässt sich von ihr lausen, und schläft ein. Die Alte pflegt ihm, auch wohl dabei ein Lied vorzuschnurren, welches mit folgenden Worten beginnt:

Im Thume, im Thume,
Da steht eine Rosenblume,
Rose rot wie Blut.

Manche versichern, wenn das arme Kind nicht einschlafen kann, greift die gute Alte gewöhnlich zu dem Mittel, ihm die Berliner »evangelische Kirchenzeitung« vorzulesen.

Der Haushalt des Teufels in der Hölle, woselbst er als Junggesell mit seiner Mutter lebt, bildet das vollständigste Gegenstück zu dem Haushalt Christi im Himmel. Dieser lebt droben gleichfalls als Junggesell mit seiner heiligen Mutter; die Himmelskönigin und die Engel sind seine Vertrauten, wie die Teufel die Vertrauten des Andern. Der Teufel und seine Diener sind schwarz; Christus und seine Engel sind weiß. In den Volksliedern des Nordens ist immer vom weißen Christus die Rede. Wir pflegen den Teufel den Schwarzen, den Fürsten der Finsternis zu nennen. Diesen beiden

Persönlichkeiten, Christus und dem Teufel, hat unser Volk noch zwei andere ebenso unsterbliche, ebenso unzerstörbare Figuren, den Tod und den ewigen Juden, beigesellt. Das Mittelalter hat der modernen Kunst diese vier Typen als kolossale Personifikationen des Guten, des Bösen, der Zerstörung und der Menschheit hinterlassen. Den ewigen Juden, das wehmütige Symbol der Menschheit, hat Keiner so tief aufgefasst, wie Edgar Quinet, einer der größten Dichter Frankreichs. Wir Deutsche, die jüngst seinen »Ahasverus« übersetzten, waren nicht wenig erstaunt, bei einem Franzosen eine so großartige Konzeption anzutreffen.

Vielleicht auch sind die Franzosen berufen, mit größtmöglicher Richtigkeit die Symbole des Mittelalters zu erklären. Die Franzosen sind längst aus dem Mittelalter herausgetreten, sie betrachten dasselbe mit Ruhe, und vermögen seine Schönheiten mit philosophischer oder artistischer Unparteilichkeit zu würdigen. Wir Deutsche stecken noch tief im Mittelalter, wir bekämpfen noch seine hinfälligen Vertreter; wir vermöchten es also nicht mit allzu großer Vorliebe zu bewundern. Wir müssen uns im Gegenteil in parteilichem Hasse ereifern, damit unsere Zerstörungskraft nicht gelähmt werde.

Ihr Franzosen mögt das Rittertum bewundern und lieben. Es sind euch davon nur heitere Chroniken und eiserne Rüstungen geblieben. Ihr wagt Nichts dabei, eure Einbildungskraft solchergestalt zu erlustigen, eure Neugier zu befriedigen. Bei uns Deutschen aber ist die Chronik des Mittelalters noch nicht geschlossen; die neuesten Blätter sind noch feucht von dem Blut unserer Verwandten und Freunde, und jene funkelnden Harnische schützen noch den lebendigen Leib unserer Henker. Nichts hindert euch Franzosen, die alten gotischen Formen zu schätzen. Für euch sind die großen Kathedralen, wie Notre-Dame-de-Paris, nichts Anders als Denkmäler der Baukunst und Romantik; für uns sind sie die furchtbarsten Festungen unsrer Feinde. Für euch sind Satan und seine höllischen Genossen nur Gebilde der Poesie; bei uns gibt es Schelme und Dummköpfe, welche sich abmühen, den Glauben an den Teufel und an höllischen Hexenfrevel wieder philosophisch zu begründen. Dass so Etwas in München geschieht, ist in der Ordnung; dass man aber im aufgeklärten Württemberg eine Rechtfertigung der alten Hexenprozesse versucht, dass ein angesehener Schriftsteller, Herr Justinus Kerner, sich dort unterfangen hat, den Glauben an Besessene wieder zu beleben, Das ist ebenso betrübend als widerwärtig.

O schwarze Schelme und ihr Schwachköpfe aller Farben! vollendet euer Werk, erhitzt das Gehirn des Volkes durch den alten Aberglauben, treibt es auf die Bahn des Fanatismus! Ihr selbst werdet eines Tags seine Opfer sein; ihr werdet nicht dem Loose der ungeschickten Beschwörer entrinnen, die am Ende die Geister, welche sie heraufgerufen, nicht mehr beherrschen konnten und von ihnen in Stücke zerrissen wurden.

Vermag der Geist der Revolution etwa nicht durch die Vernunft das deutsche Volk aufzurütteln? ist es vielleicht die Aufgabe der Torheit, dies große Werk zu vollenden? Wenn ihm das Blut einmal siedend zu Kopfe steigt, wenn es sein Herz wieder schlagen fühlt, wird das Volk nicht mehr auf den frommen Singsang dänischer Scheinheiligen noch auf das mystische Geschwätz schwäbischer Fasler hören; sein Ohr wird nur noch die laute Stimme des Mannes vernehmen.

Wer ist dieser Mann?

Es ist der Mann, den das deutsche Volk erwartet, der Mann, welcher ihm endlich das Leben und das Glück verschaffen wird, das Glück und das Leben, nach denen es so lange in seinen Träumen geschmachtet. Was zögerst du noch, du, den die Greise mit so brennender Sehnsucht verkündet haben, du, den die Jugend so ungeduldig erwartet, du, der als Zepter den Zauberstab der Freiheit und die kreuzlose Kaiserkrone trägt?

– Es ist hier indes nicht der Ort zu Beschwörungen, umso mehr als ich mich dadurch von meinem Thema entfernen würde. Ich habe mir von unschuldigen Sagen zu reden; von Dem, was hinter den deutschen Ofen gesagt und gesungen wird. Ich bemerke eben, dass ich nur sehr dürftig von den Geistern gesprochen, die in den Bergen Hansen, z. B. dass ich Nichts von dem Kyffhäuser gesagt, wo der Kaiser Friedrich wohnt. Dieser ist allerdings kein Elementargeist, und nur von Solchen habe ich in dieser Abhandlung zu reden. Aber die Sage ist zu lieblich und entzückend; so oft ich ihrer gedachte, erbebte mein Gemüt von heiliger Sehnsucht und geheimnisvoller Hoffnung. Es liegt sicherlich mehr als ein bloßes Märchen in dem Glauben, dass Kaiser Friedrich, der alte Barbarossa, nicht tot sei, sondern dass er, als das Priestervolk ihn zu arg belästigte, in einen Berg floh, den man den Kyffhäuser nennt. Man sagt, er bleibe dort mit seinem ganzen Hofhalt verborgen, bis er einst wieder in der Welt erscheinen wird, um das deutsche Volk glücklich zu machen. Dieser Berg liegt in Thüringen, nicht weit von Nordhausen. Ich bin dort oft vorübergekommen, und in einer schönen Winternacht blieb ich daselbst länger als eine Stunde und rief wiederholentlich: »Komm, Barbarossa, komm!« und das Herz brannte mir wie Feuer in der Brust, und Tränen rieselten über meine Wangen. Aber er kam nicht, der geliebte Kaiser Friedrich, und ich konnte nur den Felsen umarmen, in welchem er wohnt.

Ein junger Hirt aus der Umgegend war glücklicher. Er weidete seine Schafe am Kyffhäuser, und begann auf dem Dudelsack zu spielen, und als er einen guten Lohn verdient zu haben glaubte, rief er laut: »Kaiser Friedrich, ich habe dir dies Ständchen gebracht!« Man sagt, der Kaiser sei alsdann aus dem Berge gekommen, habe sich dem Hirten gezeigt und zu ihm gesprochen: »Gott grüße dich, junger Knabe! Wem zu Ehren hast du gespielt?« – »Dem Kaiser Friedrich.« – »Wenn Dem also ist, komm mit mir, er wird dich belohnen.« – »Ich darf mich nicht von meinen Schafen entfernen.« – »Folge mir nur, es wird deinen Schafen kein Leid widerfahren.«

Der Schäfer folgte dem Kaiser, der ihn an der Hand zu einer Öffnung im Berg führte. Sie gelangten an eine Eisentür, die sich öffnete, und man erblickte alsdann einen großen und schönen Saal, woselbst sich viele Herren und wackere Diener befanden, die ihn ehrerbietig empfingen. Danach zeigte sich der Kaiser sehr wohlwollend gegen ihn, und frug ihn, welchen Lohn er begehre. Der Schäfer antwortete: »Gar keinen.« Der Kaiser sagte ihm darauf: »Geh hinaus, und nimm als Lohn einen der Füße meiner goldenen Trinkkanne.« Der Schäfer tat, wie ihm geboten, und wollte sich entfernen; aber der Kaiser zeigte ihm noch viele merkwürdige Waffen, Harnische, Schwerter und Büchsen, und hieß ihn den Leuten sagen, er wolle mit diesen Waffen das Heilige Grab erobern.

Der Schäfer hat ihn ohne Zweifel falsch verstanden. Barbarossa hat ganz andere Eroberungen als die des heiligen Grabes im Sinne. Oder vielleicht auch hat der Schäfer, aus Furcht, als Demagoge eingesperrt zu werden, die Wahrheit ein wenig entstellt. Nicht ein Grab, das kalte Bett eines Toten, will der alte Barbarossa erobern, sondern einen herrlichen Wohnort für die Lebenden, ein warmes Reich des Lichts und der Freude, wo er fröhlich herrschen kann, in der Hand den Zauberstab der Freiheit und die kreuzlose Kaiserkrone auf dem Haupte.

Was den erwähnten Schäfer belangt, so meldet das Ende der Erzählung, dass er gesund und munter aus dem Berge hervorkam, und am folgenden Morgen den Fuß der Trinkkanne, der ihm geschenkt worden, zu einem Goldschmiede trug. Der Goldschmied erkannte denselben für gediegenes Gold, und bezahlte ihm das kaiserliche Geschenk mit dreihundert Dukaten.

Man erzählt auch von einem Bauern aus dem Dorfe Reblingen, dass er den Kaiser im Kyffhäuser sah und ein artiges Geschenk von ihm erhielt. Ich weiß nur, wenn mich mein Stern in diesen Berg führt, so werde ich von Barbarossa weder Goldkannen noch ähnliche Kleinodien begehren, sondern wenn er mir Etwas schenken will, werde ich sein Buch *De tribus impostoribus* von ihm fordern. Ich habe dies Buch vergeblich in den Bibliotheken gesucht, und ich denke mir, dass der Verfasser, der alte Rotbart, gewiss ein Exemplar davon im Kyffhäuser aufbewahrt.

Manche versichern, der Kaiser sitze in seinem Berge an einem Steintisch und schlafe, oder sinne auf Mittel, sein Reich wieder zu erobern. Er wiegt beständig den Kopf hin und her, und blinzt mit den Augen. Sein Bart wallt jetzt bis zur Erde hinab. Manchmal streckt er wie im Traume die Hand aus, und scheint nach seinem Schwert und Schild greifen zu wollen. Man sagt: wenn der Kaiser auf die Erde zurückkehrt, so wird er diesen Schild an einen abgestorbenen Baum hängen, und der Baum wird dann ausschlagen und grünen, und es wird dann für Deutschland eine bessere Zeit beginnen. Von seinem Schwert aber sagt man, dass ein Bauer in grobem Kittel es vor sich hertragen, und dass man allen Denen den Kopf damit abschlagen wird, die noch einfältig genug sind, sich von besserem Blut als ein Bauer zu dünken. Aber die alten Erzähler fügen hinzu, Niemand wisse recht, wann und wie Solches geschehn werde.

Man berichtet noch, dass einst, als ein Schäfer von einem Zwerg in den Kyffhäuser geführt wurde, der Kaiser sich erhob und ihn frug, ob die Raben noch um den Berg flögen. Und als die Antwort des Schäfers bejahend lautete, rief er aus: »So muss ich also noch hundert Jahr' schlafen!«

Ach, gewiss fliegen die Raben noch immer um den Berg, jene Raben, die uns so gut bekannt sind, und deren frommes Gekrächze wir beständig vernehmen. Aber das Alter hat sie geschwächt, und es gibt gute Schützen, die sie im Fluge herabschießen. Wenn der Kaiser einst auf die Erde zurückkehrt, wird er wohl auf seinem Wege mehr als einen Raben von Pfeilen durchbohrt finden. Und der alte Herr wird lächelnd bemerken, dass der Schütz, der sie getroffen, einen guten Bogen geführt.

Anmerkungen

1. *Der christliche Kultus* heißt es in der ältesten französischen Ausgabe.
2. Dieser Satz fehlt in den französischen Ausgaben.
3. Franz.: *Diese Männer haben mehr geleistet*
4. Franz.: *Jakob Grimm hat in seinem Fach nicht seines Gleichen. Seine Gelehrsamkeit ist kolossal wie eine Berg, und sein Geist so frisch wie der Quell, welcher demselben entsprudelt.*
5. Im ersten Buch der *Geschichte der Religion und Philosophie in Deutschland*
6. Absatz fehlt in den franz. Ausgaben.
7. Schluss des Absatzes fehlt in den franz. Ausgaben.
8. Franz.: *Im Haslithale erzählt man*
9. Franz.: Hier nennt Heine die Märchen der Brüder Grimm als Quelle für die beiden geschilderten Sagen.
10. Franz.: Zwischensatz fehlt.
11. Franz.: Absatz fehlt.
12. Franz.: *Wie Wielands Oberon* und der nachfolgende Satz fehlen.
13. Franz.: In Irland, Schottland, England und Nordfrankreich
14. Franz.: Absatz und nachfolgendes Gedicht fehlen.
15. Franz.: Hier finden sich statt dieses und des folgenden Absatzes die Lieder in wörtlicher Übersetzung (hier teilweise wiedergegeben):

Es gibt nur zwei Elfensagen, die im östlichen Norden heimisch sind, und da sie in den dänischen Volksliedern den kürzesten und besten Ausdruck finden, will ich sie in dieser Gestalt mittheilen. Die erste lautet:

Ich legte mein Haupt an die Elfenhöh',
Mein Auge ward schlummerbefangen.
Da kamen gegangen zwei Jungfraun schön,
Die mit mir zu reden verlangen.
    Seitdem ich sie zuerst gesehn!

Die Eine strich mir die Wange rund,
Die Andre flüsterte leise:
»Steht auf, Herr Ritter, ich frag' Euch jetzund,
Geliebt's Euch zu tanzen im Kreise?«
    Seitdem ich sie zuerst gesehn!

»Wacht auf, wacht auf, Herr Rittersmann,
Geliebt's Euch im Reigen zu wallen;
Meine Jungfrau viel Holdes Euch singen kann,
Das wird Euch zu hören gefallen,«
    Seitdem ich sie zuerst gesehn!

Sie huben ein Lied zu singen an,
Ich hörte die Weise beginnen.
Der reißende Strom im Lauf hielt an,
Der sonstens pflegte zu rinnen.
    Seitdem ich sie zuerst gesehn!

Der reißende Strom hielt an gemach,
Der sonstens pflegte zu rinnen;
Die kleinen Fischlein im klaren Bach
Die plätscherten spielend darinnen.
    Seitdem ich sie zuerst gesehn!

Sie spielten mit ihren Schwänzlein all'.
Die kleinen Fischlein im Springen.
Die Vöglein alle mit süßem Schall
Begannen in Lüften zu singen.
    Seitdem ich sie zuerst gesehn!

»Und höret, Ihr junger Rittersmann,
Geliebt's Euch bei uns zu bleiben?
Wir lehren Euch Runen zu schneiden dann,

Runen zu lesen und schreiben.«
Seitdem ich sie zuerst gesehn!

»Ich lehr' Euch den Eber in Waldesnacht,
Den Bären zu schlagen in Bande.
Der Drache, welcher das Gold bewacht,
Soll fliehen vor Euch aus dem Lande.«
Seitdem ich sie zuerst gesehn!

Sie tanzten herab, sie tanzten heran,
Die Elfen alle im Reigen.
Da tät' ich junger Rittersmann
Aufs Schwert die Hände neigen.
Seitdem ich sie zuerst gesehn!

»Und höret, Ihr junger Rittersmann,
Und wollt Ihr uns fürder noch meiden:
So müsst von schneidigem Messer dann
Den kalten Tod Ihr erleiden.«
Seitdem ich sie zuerst gesehn!

Und hätte es Gott nicht gnädig verliehn,
Dass der Hahn geregt seine Flügel,
So müsst' ich mit den Elfinnen ziehn
Hinein in den Elfenhügel.
Seitdem ich sie zuerst gesehn!

Drum will ich jedem Gesellen nunmehr,
Der zu Hof ausreitet, das sagen:
Er reite nimmer zur Elfenhöh',
Noch mög' er zu schlummern dort wagen.
Seitdem ich sie zuerst gesehn!

16. In den französischen Ausgaben heißt es statt des obigen
Absatzes:

Das andere Gedicht behandelt fast dasselbe Thema; nur
findet die Erscheinung der Elfen diesmal nicht im Traume,
sondern in der Wirklichkeit statt, und der Ritter, welcher

*nicht mit ihnen tanzen will, empfängt diesmal wirklich eine
tödliche Wunde.*

*Herr Oluf reitet im Mondenschein,
Er ladet die Gäste zur Hochzeit ein.
        Doch das Tanzen geht so schnell durch den Wald.*

*Sie tanzen zu vier und zu fünfen durchs Land,
Erlkönigs Tochter streckt aus die Hand.
        Doch das Tanzen geht so schnell durch den Wald.*

*»Willkommen, Herr Oluf, halt an dein Ross,
Und tanze mit mir im Elfenschloss!«
        Doch das Tanzen geht so schnell durch den Wald.*

*»Ich nimmer darf, ich nimmer mag,
Denn morgen ist mein Hochzeitstag.«
        Doch das Tanzen geht so schnell durch den Wald.*

*»Und höre, Herr Oluf, und tanz' mit mir;
Zwei Widderhautstiefel die geb' ich dir.«
        Doch das Tanzen geht so schnell durch den Wald.*

*»Zwei Widderhautstiefel, die sitzen so schön,
So gut die güldenen Sporen stehn.«
Doch das Tanzen geht so schnell durch den Wald.*

*»Und höre, Herr Oluf, und tanz' mit mir;
Ein Hemd von Seiden das geb' ich dir.«
        Doch das Tanzen geht so schnell durch den Wald.*

*»Ein Hemd von Seiden, so weiß und fein,
Meine Mutter bleicht' es mit Mondenschein.«
        Doch das Tanzen geht so schnell durch den Wald.*

*»Ich nimmer darf, ich nimmer mag,
Denn morgen ist mein Hochzeitstag.«
        Doch das Tanzen geht so schnell durch den Wald.*

»Und höre, Herr Oluf, und tanz' mit mir;
Eine güldene Schärpe die geb' ich dir.«
Doch das Tanzen geht so schnell durch den Wald.

„Eine güldene Schärpe die lieb' ich mir,
Doch darf ich nimmer tanzen mit dir."
		Und das Tanzen geht so schnell durch den Wald.

»Und willst du nimmer tanzen mit mir,
Soll Pest und Krankheit folgen dir.«
		Doch das Tanzen geht so schnell durch den Wald.

Sie gab einen Schlag ihm mitten aufs Herz,
Wohl nimmer empfand er so großen Schmerz.
Doch das Tanzen geht so schnell durch den Wald.

Sie hob ihn auf sein rotbraun Ross:
»Kehr heim zur Braut, kehr heim zum Schloss!«
		Doch das Tanzen geht so schnell durch den Wald.

Und als er kam an des Schlosses Thor,
Seine Mutter harrend stand davor.
		Doch das Tanzen geht so schnell durch den Wald.

»Hör, liebster Sohn, und sag mir gleich,
Warum ist deine Wange so bleich?«
		Doch das Tanzen geht so schnell durch den Wald.

„Wohl mag die Wange bleich mir sein,
Ich war zu Nacht bei dem Elfenreihn."
		Doch das Tanzen geht so schnell durch den Wald.

»Und höre, mein Sohn, so klug und traut,
Was sag' ich deiner jungen Braut?«
Doch das Tanzen geht so schnell durch den Wald.

„Sag ihr, ich sei im Walde zur Stund',
Und prüfe mein Ross und meine Hund'."
		Doch das Tanzen geht so schnell durch den Wald,

Am Morgen früh, als Tag es war,
Da kam die Braut mit der Hochzeitschar.
>*Doch das Tanzen geht so schnell durch den Wald.*

Sie schenkten Meth, sie schenkten Wein.
»Wo ist Herr Oluf, der Bräutigam mein?«
>*Doch das Tanzen geht so schnell durch den Wald.*

„Herr Oluf ritt in den Wald zur Stund',
Zu prüfen sein Ross und seine Hund'."
>*Doch das Tanzen geht so schnell durch den Wald.*

Die Braut hub auf das Bahrtuch rot,
Da lag Herr Oluf, Der war tot.
>*Doch das Tanzen geht so schnell durch den Wald.*

Als wieder vom Himmel das Frühlicht floss,
Drei Leichen trug man hinaus vom Schloss.
>*Doch das Tanzen geht so schnell durch den Wald.*

17. Franz.: Absatz fehlt.
18. Franz.: Der Satz fehlt.
19. Franz.: *die fast wie Fischgräten gebildet sind* und der folgende Satz fehlen.
20. Franz.: Satz fehlt.
21. In den französischen Ausgaben werden, statt des obigen Absatzes, siebzehn Strophen aus einem dieser Lieder mitgeteilt. Es heißt dort:

Der Nix spricht zu seiner Mutter:

»Lieb Mutter, gebt einen Rat mir gleich
Wie bring' ich die Tochter Marsk Stig's in mein Reich?«
>*Mich dünkt, gar schlimm ist das Reiten.*

Sie schuf ihm ein Ross vom Wasser klar,
Der Zaum und Sattel von Sande war.
>*Mich dünkt, gar schlimm ist das Reiten.*

Sie macht' ihn zu einem Ritter fein,
Zum Marienkirchhof dann ritt er ein.
  Mich dünkt, gar schlimm ist das Reiten.

Er band sein Ross an den Kirchfirst an,
Und dreimal umschritt er die Kirche dann.
  Mich dünkt, gar schlimm ist das Reiten.

Der Meermann trat in die Kirche stumm,
Die Heil'genbilder da wandten sich um.
  Mich dünkt, gar schlimm ist das Reiten.

Der Priester sprach vor dem Altarschrein:
»Welch stattlicher Ritter mag Das sein?«
  Mich dünkt, gar schlimm ist das Reiten.

Die Tochter Marsk Stig's unterm Schleier sprach:
»Dass der Himmel den Ritter mir geben mag!«
  Mich dünkt, gar schlimm ist das Reiten.

Er schritt eine Bank und zwo vorbei:
»O Tochter Marsk Stig's, gelobe mir Treu!«
  Mich dünkt, gar schlimm ist das Reiten.

Er schritt über vier und fünf hinaus:
»O folge mir, Tochter Marsk Stig's, in mein Haus!«
  Mich dünkt, gar schlimm ist das Reiten.

Es streckte die Maid ihre Hand herfür:
»Ich gelobe dir Treu und ich folge dir.«
  Mich dünkt, gar schlimm ist das Reiten.

Aus der Kirche da ging eine Hochzeitschar,
Und sie tanzten freudig ohn' alle Gefahr.
  Mich dünkt, gar schlimm ist das Reiten.

Sie tanzten mitsammen zum Meeresstrand,
Bis endlich Keiner bei ihnen mehr stand.
Mich dünkt, gar schlimm ist das Reiten.

»O Tochter Marsk Stig's, halt an mein Pferd,
So bau' ich dir ein Schifflein wert.«
Mich dünkt, gar schlimm ist das Reiten.

Und als sie kamen zum weißen Sand,
Da wandten sich alle Schifflein zum Land.
Mich dünkt, gar schlimm ist das Reiten.

Und als sie kamen hinaus auf den Sund,
Versank die Maid auf den Meeresgrund.
Mich dünkt, gar schlimm ist das Reiten.

Man hörte bis tief in das Land hinein
Die Tochter Marsk Stig's im Wasser schrein.
Mich dünkt, gar schlimm ist das Reiten.

Ich rate jeglicher Jungfrau gut,
Sie geh' nicht zum Tanze so hochgemut!
Mich dünkt, gar schlimm ist das Reiten.

Auch wir geben manchem jungen Mädchen den weisen Rath, nicht mit dem ersten besten Ankömmling zu tanzen. Aber das junge Blut fürchtet immer, nicht genug Tänzer zu bekommen, und ehe sie sich der Gefahr aussetzten, Tapisserie-Arbeit zu machen, würfen sie sich mit Freuden einem Wassermann in die Arme.«

22. Franz.: *die mich mit seltsamer Rührung erfüllt hat*
23. Franz.: Schluss des Absatzes fehlt.
24. Franz.: *Ich habe der Sammlung der Gebrüder Grimm einige der mitgeteilten Sagen entnommen; aber mein bester Führer ist der gute alte Johannes Prätorius*
25. Franz.: *und gelehrten Zitaten. Das Buch macht denselben Eindruck wie ein Raritäten-Kabinett am Quai Malaquais oder am Quai Voltaire. Reliquien aller entschwundenen Religionen, Gerätschaften fabelhafter Länder, untermischt mit Kruzifixen und erblichenen Madonnen, - ein buntes Sammelsurium (vrai bric-à-brac).*
26. Franz.: *noch mehr Pfaffen*
27. Franz.: Der Satz fehlt.
28. Franz.: Der Schluss dieses Satzes und der folgende Satz fehlen.
29. Franz.: Hier kommt zuerst noch der Satz: *Es ist ein wunderbares Lied, und sein Zauber wirkt immer noch ... Hört nur!*
30. Franz.: Dieser Absatz fehlt.

31. Franz.: Der obige Satz fehlt. Die vorangehenden Sätze sind leicht anders formuliert.
32. Franz.: Der letzte Halbsatz fehlt.
33. Franz.: Der Abschnitt ab hier endet: *Was die echten Feuergeister betrifft, d.h. die, welche im Feuer zu leben vermögen, so gibt es deren vielleicht nur zwei, nämlich Gott und den Teufel. Da man in unserem Frankreich wenig von diesen beiden Widersachern weiß, oder von ihnen nur dunkle Erinnerungen hat, werden Sie vielleicht neugierig sein, was der Volksglaube in Deutschland dazu meint.*

    Dass Gott ein Feuergeist sei, behaupten schon die alten Philosophen, z.B. Porphyrios, nach welchem unsere Seele nur ein Ausfluss der Feuerseele Gottes ist. Die alten Magier haben das Feuer als die Gottheit selbst verehrt. Moses sah Jehovah im brennenden Busch ... wäre er nicht ein Feuergeist, wie hätte er sich dort aufhalten können?

    Die gewichtigste Autorität ist die des kleinen Mädchens, dem die Mutter Gottes erlaubt hatte, im Himmel umherzugehen. Nachdem die Kleine zwölf große Zimmer gesehen hatte, in deren jedem ein Apostel wohnte, kam sie endlich zu einer Kammer, in welche einzutreten die Mutter Gottes ihr streng verboten hatte. Aber sie kann ihrer Neugier nicht widerstehen, sie öffnet die Tür, und was erblickt sie? Die heilige Dreieinigkeit inmitten eines hellstrahlenden roten Feuers.

    Der Teufel muss ein Feuergeist sein. Wie könnte er es sonst in der Hölle aushalten? Aber währen der liebe Gott das Feuer verträgt, weil er selbst ein feuriger Geist ist, hält der Teufel dasselbe hervorragend aus, weil er von Natur so kalt ist, dass er sich nur im Feuer behaglich fühlt.
34. Franz.: hinzu kommt *und besonders in den Werken des Kriminalisten Carpzow*
35. Franz.: Die folgenden drei Absätze fehlen

Literatur

Werkausgaben Heinrich Heines mit Siglen

B: Heinrich Heine: Sämtliche Schriften, hrsg. von Klaus Briegleb, 6 Bände, 3. Auflage, München 1997

DHA: Heinrich Heine: Historisch-kritische Gesamtausgabe der Werke, hrsg. von Manfred Windfuhr, 16 Bände, Hamburg 1973-1997

HSA: Heinrich Heine: Werke – Briefwechsel – Lebenszeugnisse. Säkularausgabe, hrsg. von den Nationalen Forschungs- und Gedenkstätten der klassischen deutschen Literatur in Weimar und dem Centre National de la Recherche Scientifique in Paris, 27 Bände, Berlin und Paris 1970-1980

Primärliteratur, Quellen, zeitlicher Kontext

Bürger, Gottfried August: Sämtliche Werke, hrsg. von Karl Reinhard, Wien 1844
de Staël, Germaine: De l'Allemagne, Paris 1968
Eckermann, Johann Peter: Gespräche mit Goethe in den letzten Jahren seines Lebens 1823-1832, in: Goethe: Sämtliche Werke, Bd.39, Frankfurt am Main 1999
Fichte, Johann Gottlieb: Werke, hrsg. von Hermann Fichte, Berlin 1971
Grimm, Jacob: Deutsche Mythologie, Göttingen 1835. Vollständige Neuausgabe, Wiesbaden 2007
Grimm, Wilhelm (Übersetzer): Altdänische Heldenlieder, Balladen und Märchen, Heidelberg 1811
Grimm, Jacob und Wilhelm (Hrsg.): Kinder und Hausmärchen, Berlin 1812
Grimm, Jacob und Wilhelm (Hrsg.): Deutsche Sagen, Berlin 1816 - 1818
Hörling, Hans (Hrsg.): Die französische Heine-Kritik. Rezensionen und Notizen zu Heines Werken, Stuttgart und Weimar 1996-2002
Houben, H.H. (Hrsg.): Gespräche mit Heine, Potsdam 1948
Kornmann, Heinrich: Mons Veneris, Frankfurt a. Main 1614

Paracelsus (Theophrast von Hohenheim): Sämtliche Werke. 2. Abt.: Theologische und religionsphilosophische Schriften, hrsg. von Kurt Goldammer, Wiesbaden, Stuttgart 1955–1986

Schlegel, August Wilhelm: Kritische Schriften und Briefe, hrsg. von Edgar Lohner, Stuttgart, Berlin, Köln, Mainz 1966

Schlegel, Friedrich: Kritische Ausgabe, hrsg. von Ernst Eichner, München, Wien, Paderborn 1967

Schreiber, Aloys: Sagen aus den Gegenden des Rheins und des Schwarzwaldes, Heidelberg 1829–1839

von Arnim, Achim: Des Knaben Wunderhorn, Heidelberg 1806 - 1808

von Dobeneck, Ferdinand (Hrsg. Jean Paul): Des deutschen Mittelalters Volksglauben und Heroensagen, Berlin 1815

<u>Sekundärliteratur</u>

Becker, Katrin: „Die Welt entzwei gerissen", Dissertation, Freiburg 2008

Bohrer, Karl-Heinz: Die Kritik der Romantik, Frankfurt am Main 1989

Boldt, Hans: Heine im Zusammenhang der politischen Ideen seiner Zeit, in: Heinrich Heine im Spannungsfeld von Literatur und Wissenschaft. Symposium anlässlich der Benennung der Universität Düsseldorf nach Heinrich Heine, hrsg. von Wilhelm Gössmann und Manfred Windfuhr, Hagen 1990, S.65-80

Epping-Jäger, Cornelia: Mythos Paris? – Heinrich Heines daguerropypische Schreibart, in: Aufklärung und Skepsis. Internationaler Heine-Kongress zum 200. Geburtstag, hrsg. von Joseph A. Kruse, Bernd Witte und Karin Füllner, Stuttgart und Weimar 1999, S.408-421

Golthier, Wolfgang: Handbuch der germanischen Mythologie, Rostock 1895

Kerschbaumer, Sandra: Heines moderne Romantik, Paderborn 2000

Kortländer, Bernd: Literatur und Presse der Zeit, in: Heine in Paris 1831-1856, hrsg. von Joseph A. Kruse, Düsseldorf 1981

Kremer, Detlev: Romantik, Stuttgart, Weimar 2001

Kruse, Joseph A.: Das letzte Wort der Kunst, Düsseldorf 2006

Hädecke, Wolfgang: Heinrich Heine. Eine Biographie. München 1985

Höhn, Gerhard: Heine Handbuch, Berlin 2004

Liedke, Chistian: Heinrich Heine, Hamburg 1997

Lukács, Georg: Heinrich Heine als nationaler Dichter, in: Georg Lukács Werke, Bd.7: Deutsche Literatur in zwei Jahrhunderten, Berlin und Neuwied 1964, S.273-333

Mann, Thomas: Betrachtungen eines Unpolitischen, Frankfurt am Main 1956

Peters, George F.: The Poet as Provocateur. Heinrich Heine and his critics, Rochester (NY) 2000

Raddatz, Fritz J.: Heine. Ein deutsches Märchen: Essay, Hamburg 1977

Reich-Ranicki, Marcel: Der Fall Heine, Stuttgart 1997

Safranski, Rüdiger: Die Romantik. Eine deutsche Affäre, München 2007

Sammons, Jeffrey L.: Heinrich Heine. The Elusive Poet, New Haven 1969

Sammons, Jeffrey L.: Heinrich Heine, Stuttgart 1991

Sammons, Jeffrey L.: : Heinrich Heine: A Modern Biography, Princeton 1979

van Dülmen, Richard: Poesie des Lebens. Eine Kulturgeschichte der Romantik, Köln, Weimar, Wien 2002

Winkler, Markus: „…exiliert in eine fremde Sprache" – Zu einigen Unterschieden zwischen den deutschen und den Französischen Fassungen von Heines Schriften über Deutschland, in: Zwiesprache. Theorie und Geschichte des Übersetzens (S.105-120), hrsg. von Ulrich Stadler, Stuttgart und Weimar 1960.

Werke

1820 (August): Die Romantik (Essay)

1821 (Dezember): Gedichte

1822 (Februar bis Juli): Briefe aus Berlin

1823 (Januar): Über Polen Prosa)

1823 (April): Tragödien nebst einem lyrischen Intermezzo, darin

- Almansor (Schauspiel, geschrieben 1821–1822)
- William Ratcliff (Schauspiel, geschrieben Januar 1822)
- Lyrisches Intermezzo (Gedichtzyklus)

1826 (Mai): Reisebilder. Erster Teil

- Die Harzreise (Prosa)
- Die Heimkehr (Gedichte)
- Die Nordsee. Erste Abteilung (Gedichtzyklus)

1827 (April): Reisebilder. Zweiter Teil, darin

- Die Nordsee. Zweite Abteilung (Gedichtzyklus)
- Die Nordsee. Dritte Abteilung (Prosa-Essay))
- Ideen: das Buch le Grand
- Briefe aus Berlin (stark gekürzte und überarbeitete Version der Ausgabe von 1822)

1827 (Oktober): Buch der Lieder, darin

- Junge Leiden
- Die Heimkehr (zuerst veröffentlicht 1826)
- Lyrisches Intermezzo (zuerst veröffentlicht 1823)
- "Aus der Harzreise" (zuerst veröffentlicht 1826)

- Die Nordsee (zuerst veröffentlicht 1826/1827)

1829 (Dezember): Reisebilder. Dritter Teil, darin:

- Die Reise von München nach Genua
- Die Bäder von Lucca

1831 (Januar): Nachträge zu den Reisebildern

- Die Stadt Lucca
- Englische Fragmente

1831 (April): Zu "Kahldorf über den Adel"

1833: Französische Zustände (Sammlung journalistischer Arbeiten)

1833 (Dezember): Der Salon. Erster Teil, darin

- Französische Maler
- Aus den Memoiren des Herren von Schnabelewopski

1835 (Januar): Der Salon. Zweiter Teil, darin

- Zur Geschichte der Religion und Philosophie in Deutschland
- Neuer Frühling (Gedichtzyklus)

1835 (November): Die Romantische Schule

1837 (Juli): Der Salon. Dritter Teil, darin:

- Florentinische Nächte (unvollendeter Roman)
- Elementargeister

1837 (Juli): Über den Denunzianten. Eine Vorrede zum dritten Teil des Salons.

1837 (November): Einleitung zum "Don Quixote" (Einleitung zu einer neuen deutschen Übersetzung)

1838 (November): Der Schwabenspiegel

1838 (Oktober): Shakespeares Mädchen und Frauen

1840 (August): Ludwig Börne. Eine Denkschrift

1840 (November): Der Salon. Vierter Teil, darin:

- Der Rabbi von Bacherach (unvollendeter historischer Roman)
- Über die französische Bühne (kritischer Essay)

1844 (September): Neue Gedichte, darin:

- Neuer Frühling (ursprünglich erschienen 1834)
- Verschiedene
- Romanzen
- Zur Ollea
- Zeitgedichte
- Deutschland: Ein Wintermärchen (Langgedicht)

1847 (Januar): Atta Troll: Ein Sommernachtstraum (Langgedicht, geschrieben 1841–46)

1851 (September): Romanzero; Gedichtsammlung in drei Büchern:

- Erstes Buch: Historien
- Zweites Buch: Lamentationen
- Drittes Buch: Hebräische Melodien

1851 (Oktober): Der Doktor Faust. Ein Tanzpoem, (Ballett-Entwurf, geschrieben 1846)

1854 (Oktober): Vermischte Schriften

Band Eins

- Geständnisse (autobiografische Arbeiten)
- Die Götter im Exil (Essay)
- Die Göttin Diana (Ballett-Entwurf, geschrieben 1846)
- Ludwig Marcus: Denkworte (Essay)
- Gedichte. 1853 und 1854

Band Zwei: Lutezia. Erster Teil (Sammlung journalistischer Arbeiten über Frankreich)

Band Drei: Lutezia. Zweiter Teil (Sammlung journalistischer Arbeiten über Frankreich)

1884 (Postum): *Memoiren* (in der Zeitschrift *Die Gartenlaube*)

Biografische Daten

13. Dezember 1797   Geburt Harry Heines als ältester Sohn von Betty (geb. van Geldern) und des jüdischen Tuchhändlers Samson Heine in Düsseldorf

1803-1814   Schulzeit in Düsseldorf: Besuch einer israelitischen Privatschule, der städtischen Grundschule (ab 1804), des Lyzeums (ab 1810) und einer privaten Handelsschule (1814); von 1806 bis 1813 gehört Düsseldorf zu Frankreich, anschließend zu Preußen.

1815-1819   Kaufmännische Lehrzeit in Frankfurt/Main (1815) und Hamburg im Bankhaus seines Onkels Salomon Heine (ab 1816), erste Gedichtpublikation in der Zeitschrift "Hamburgs Wächter" (1817). Schließung des väterlichen Geschäfts und der seit Mai 1818 von Heine geführten Filiale "Harry Heine & Comp." (1819).

1819-1820   Studium der Rechts- und Kameralwissenschaft in Bonn, Bekanntschaft mit August Wilhelm von Schlegel, Heines Byron-Übersetzungen und sein erstes Drama („Almansor") entstehen.

1820-1821   Fortsetzung des Studiums in Göttingen, wo Heine wegen eines Duells der Universität verwiesen wird.

1821-1823   Fortsetzung des Studiums in Berlin (Vorlesungen bei Hegel, Savigny, Wolf u.a.), Freundschaft mit dem Ehepaar Varnhagen, Mitarbeit im „Verein für Cultur und Wissenschaft der Juden", „Gedichte" (erste Buchpublikation), „Tragödien, nebst einem lyrischen Intermezzo", „Briefe aus Berlin". Anschließend längerer Aufenthalt bei den nach Lüneburg übergesiedelten Eltern.

1824 Wiederaufnahme des Studiums in Göttingen, September/Oktober: Wanderung durch den Harz, in Weimar Begegnung mit Goethe.

1825 Mai: Juristisches Examen, Juni: (protestantische) Taufe auf den Namen Christian Johann Heinrich, Juli: Promotion zum Dr. jur., August: erste Reise nach Norderney, November: Übersiedlung nach Hamburg, Scheitern der geplanten Anwaltskarriere.

1826 Bekanntschaft mit Campe, der künftig Heines Werke verlegt, "Reisebilder" (1. Teil), u.a. mit der "Harzreise" erschienen.

1827 "Buch der Lieder" und "Reisebilder" (2. Teil), u.a. mit "Ideen. Das Buch Le Grand". April bis August: Aufenthalt in England, ab November Redakteur der "Neuen allgemeinen politischen Annalen" in München.

1828 August bis Dezember: Reise durch Norditalien.

1829 Nach dem Tod des Vaters Rückkehr nach Hamburg, "Reisebilder" (3. Teil), u.a. mit den "Bädern von Lucca".

1830 Julirevolution in Frankreich.

1831 "Reisebilder IV" (Nachträge), u.a. mit den "Englischen Fragmenten". Mai: Übersiedlung nach Paris. Teilnahme an Versammlungen der Saint-Simonisten.

1832 Ab Januar: Korrespondent für die „Allgemeine Zeitung" (bis 1833, erneut ab 1840)

1833 "Französische Zustände", "Der Salon I", u.a. mit den "Französischen Malern" und "Aus den Memoiren des Herren von Schnabelewopski".

1834 "Der Salon II": "Zur Geschichte der Religion und Philosophie in Deutschland", "Neuer Frühling"

1835 Verbot der Schriften Heines in Deutschland aufgrund eines Bundestagsbeschlusses gegen das „Junge Deutschland". De l'Allemagne mit einem Teil der Elementargeister erscheint in Frankreich.

1836 "Die Romantische Schule".

1837 "Der Salon III" mit den "Florentinischen Nächten" und den "Elementargeistern".

1840 "Ludwig Börne. Eine Denkschrift", "Der Salon IV", u.a. mit dem "Rabbi von Bacherach" und "Über die französische Bühne".

1841 Hochzeit mit Crescence Augustine Mirat (Mathilde), Entstehung der ersten „Zeitgedichte".

1843 „Atta Troll. Ein Sommernachtstraum" (Zeitschriftendruck), Reise nach Hamburg; Ende des Jahres in Paris Bekanntschaft mit Karl Marx, Mitarbeit an der Zeitschrift "Vorwärts".

1844 Erneute Reise nach Hamburg. "Neue Gedichte" und "Deutschland. Ein Wintermärchen".

1847 "Atta Troll. Ein Sommernachtstraum" (Buchfassung).

1848 Februarrevolution in Paris, ab März: revolutionäre Unruhen in Deutschland und ganz Europa. Seit Mai ist Heine durch unheilbare Krankheit ans Bett gefesselt („Matratzengruft").

1851 "Romanzero", „Der Doktor Faust. Ein Tanzpoem".

1854 "Vermischte Schriften I-III", u.a. mit "Geständnisse", "Gedichte. 1853 und 1854" und "Lutezia"

1855 Erscheinen der französischen Gesamtausgabe von Heines Werken.

1856 17. Februar: Tod Heines. 20. Februar: Beisetzung auf dem Cémetière Montmartre in Paris.